今日からヒラ社員のオレが会社を動かします。

高橋健太郎

伝説の中国古典「鬼谷子《きこし》」に学ぶ最強の人心操縦術

鬼《き》谷《こく》子《し》

1　人名。戦国の人。鬼谷先生ともいう。当時の遊説家、蘇秦《そしん》・張儀《ちょうぎ》に教えを授けたといわれるが、その伝は明らかでない。

2　書名。一巻。戦国時代の遊説家の弁論と説得の法を述べたもの。鬼谷子の著とされる。

——『中国古典名言名著事典』（共和帝国出版）より

今日からヒラ社員のオレが会社を動かします。　目次

第3章 命取り！ 動かすべき相手を間違うな

第4章

有利な「陣営」を見定め、安全地帯を確保せよ

第5章

相手の欲を利用して、動かさずに動かせ

第6章

誰が動かしているのか、知られずに去れ

イラスト・ワタナベチヒロ
ブックデザイン・ＴＹＰＥＦＡＣＥ（ＡＤ 渡邊民人　Ｄ 谷関笑子）

プロローグ
鬼谷子の使い

共和帝国出版ビル。五階小会議室。企画会議。

オレはウンザリしていた。

「いやあ、この企画は著者が有名じゃないから、難しいかもしれませんねぇ。テレビで見たことないですよ、この人」

「たしかに、部長のおっしゃる通り、売れる要素っていうのが欲しいですね」

「もっと売れている本をベンチマークした企画にしたらどうですか？」

「私もそう思います」

中央に座った男がまとめに入る。

「わかりました。他に意見がある人はいますか？」

「あの……」

一応は反論を試みようとするオレ。それを無視して、男は言った。

「でしたら、この企画は見送るということで」

今回も企画は却下された。

§

「いったいなんなんだ、アイツらはよお！　編集のことはオレらに任せるんじゃなかったのかよ！」

と居酒屋〈鯨飲〉でクダを巻いているのは、オレではない。目の前にいる編集部のセンパイ・端鹿《はなしか》太郎《たろう》だ。ちなみに、「端」までが名字。

「チョウギよ！　オマエ、悔しくないのかよ、え！」

「悔しいに決まってんでしょうよ。でも、どうしょうもねえじゃん！」

オレの声も思わず大きくなる。

会社の合併から半年あまり。オレと端センパイの出す本の企画は、ことごとく落とされ続けてきたのだ。チョウギというのはオレのあだ名。張本儀一《はりもとぎいち》、略して「チョウギ」だ。

オレらの勤めていた共和書房は、半年前に帝国パブリッシャーズなる別の出版社と合併。共和帝国出版になった。センパイの言う「アイツら」というのは、帝国パブリッシャーズ出身の社員たちのことだ。

帝国パブリッシャーズは、米田喬《べいだきょう》が一代で作り上げた出版社。他社のヒット作に類似した本を素早く作り、強力な営業力で時には本家の本以上に売るという、米田自らが「マーケット・イン」と呼ぶ手法で急速に大きくなった会社。ただし、まあ、こう言っちゃなんだが、読書好きにとってはあまり評判のいい会社ではない。

一方、オレたちのいた共和書房という会社は、人文学・科学系の入門書や古今の名著の翻訳、時には「問題作」と言われるような評論も出す、どちらかと言えば「読者に新しい価値観を提供したい」みたいなことを恥ずかしげもなく言ってしまうタイプの、それだけに今時儲からないタイプの出版社だった。

つまり、正反対の出版社の合併だったわけだ。その証拠に、共和の編集者は帝国との合併が決まった瞬間からほとんど辞めてしまい、結局残ったのは、オレと端センパイ、そして、センパイと同期の剣振次郎《けんぶりじろう》ってヤツだけだ。

「次郎も変わっちまったなあ……」

たしかに剣振は新しい会社で編集長に抜擢されてから人が変わったようだ。なにしろ、会議において、帝国出身者の反論ばかりを受け入れ、オレらの企画を却下し続けているのは、他ならぬ同じ共和書房出身の剣振だったからだ。

「なんなんですかね、一体、この状況は」

そう言った一言が、オレの本心のすべてだった。なんなんだ、一体。これに尽きる。

§

その後、千鳥足のセンパイを見送って、時計を見るとまだ十一時。飲み足りない気がした。我が共和帝国出版のあるこの銀保町《ぎんぽうちょう》の外れには、オレの唯一、行きつけのバー〈クロスロード〉があった。

「空いてる?」

「見りゃ、わかんだろ」

入店時のほんの挨拶ぐらいのつもりのオレの一言につっかかってきたのが〈クロスロード〉のマスターだ。名前は知らない。向こうもオレの名前を多分知らない。はずだ。

カウンターの奥では、オッサンが二人なにやら話をしている。客はそれだけ。

オレが店で一番安いウイスキーをロックで飲みはじめた頃。ビックリした。話し込んでいる二人のオッサンのうちの一人が、よく見たら南郷継春《なんごうつぐはる》だったからだ。南郷継春。一部上場企業MSG生命のCEO。経営だけでなく歴史や文学にも造詣が深く、著書を何冊も出しているカリスマ経営者だ。上品に整えられた白髪交じりの髪型にバッチリ決まったスーツの着こなしも、メディアで目にするそのまんまだ。

オレはウイスキーをなめながら、さりげなく聞き耳を立てていたが、南郷はなにやら重大な相談事を持ちかけているらしい。会話はしばらく続いたが、もう一人の男が妙に通る声で、

「それは、木村さんで、いいんじゃないでしょうか？」

と言うと、南郷は心底救われたといった表情になり、感動も露《あらわ》に礼を述べ、繰り返し頭を下げながら店から出ていった。なんだ。南郷継春があんなんなるってことは、店に残ったあの男も相当な大物か。振り返った男の顔をよく見てみる。じーっと。

知らん。どう見ても、普通のオッサンだ。

視線に気がついたオッサンが声をかけてきた。

「こっちに来て、一緒に飲まないかい？」

オレは少しビックリしたが、オッサンが何者なのか興味が湧いていた。編集者なんて仕

事、なんでも知りたがりの野次馬根性のあるヤツじゃなきゃ、つとまらないのだ。

オッサンの隣に席を移したオレは、ちょっとしたインタビューのような気分で質問した。

「あの人、南郷継春さんですよね？」

「そうだね」

平凡な髪型の下方に存在する平凡な顔には、平凡なセンスの眼鏡が装着されている。オッサンには、南郷から感じられるキラキラ感のようなものが一切ない。

「どういったご関係で……」

「上司と部下だね」

「え、でも南郷さんは社長ですよね。その上司ってのは……」

「私は部下だよ。ほら」

オッサンが出した名刺には、「ＭＳＧ生命　堀船支社　第一営業所　孫田子太郎《まごたこたろう》」とある。肩書きはない。つまり、南郷の経営する会社の一支社、一営業所のヒラ社員だ。そんなオッサンになんで南郷継春は、あんな態度だったんだ。

「いや、なんか相談を受けていたみたいですけど……」

そう言ってから、自分が聞き耳を立てていたことを自白したのに気がついたが、孫田にそれを気にした様子はなかった。

「そりゃ、私にだって話す口と聞く耳はあるからね」

はぐらかされているのかどうかもわからないが、話がツルツルと上滑りしているのはたしかだ。なんだ、このオッサンは南郷の弱みでも握ってるのか？

「なにか個人的に親しいとか？」

「いいや」

「なんで、部下のあなたに南郷さんはあんな態度だったんですか？」

いらついたオレは思わず単刀直入に質問をした。多少、酒のせいもあるかもしれない。

それを聞いた孫田は、ふっと笑ってこう言った。

「そんな〝反〟を投げかけるのはまだ早いだろう」

「〝反〟？」

「まあいい。私がなぜ部下の立場でありながら南郷さんを動かせるか？　それは一つの術を知っているからだよ」

「術……、ですか？」

「その術さえ知れば、部下の立場であろうが、上司を動かすことなどたやすい。たとえ、はるか上の上司であろうがね。組織自体を動かしてしまうことだってできる」

「え、それって、どんな術なんですか？」

オレは引き込まれるようにして、そう質問してから、自分の今の状況を思い浮かべていることに気がついた。合併以降、一変してしまった社風、通らない企画、なにを考えているのかわからない経営陣や新しい同僚たち。どうにかしなければと考えながらも、どうすればいいのか見当もつかなかった。

「キコクシの術」

「え？」

「〝存在と滅びの門〟を操る術さ」

うえ、なんだ。オカルト……。

「別に、オカルトじゃないよ」

そう言って笑った孫田はジャケットの内ポケットからボールペンを取り出すと、グラスを載せていたコースターになにやら書き込み、オレに差し出した。

「ここに行けば、動かせない現実などない、ということがわかるはずだ」

コースターには、住所が書かれていた。

第1章

人と現実を動かす、最強古典『鬼谷子』とは

絶対安全圏から人を動かすための
知られざる古典『鬼谷子』。
古代中国から伝わる言葉の持つ
真の力を解き放つ秘伝を
一人の老人が語りはじめる。

1 鬼谷子に出会う

――ホリフネ会館三階で

「ああ、ダメだ。頭がいてえ」

バイトも含め二十人ほどの編集者が在籍する編集部。オレの隣の席では、積み上げられた紙に埋もれて、端センパイが二日酔いのどんよりした目で悶《もだ》えている。

オレはそんなセンパイを尻目に、編集長から振られた『三分で恋人ができる！　熱血恋愛力教室』のゲラ（本の編集のために各ページを印刷したヤツ）に赤字を入れていた。

最近どっかの大学教授が書いて大ヒットした『人は三日で恋人ができる？　白熱恋愛学講座』って本の後追い企画。帝国式「マーケット・イン」の真骨頂だ。装丁から本文のデザインまで、バッチリ本家に似せて作れ。剣振編集長からはそういう指示が来ている。合併以降の半年、担当させられるのは、こんな本ばっかりだ。

一方で、オレが出す企画はすべて編集部の部内会議で、「売れている類書がない」、「一般読者はもっとわかりやすい本を求めている」、「著者がテレビに出てない」などの理由で、ロクに企画内容もかえりみられないまま却下されてきた。

ちなみに、隣で「頭がいてえ」を連呼している酒臭いセンパイも事情は同様だ。

「まったく、ひでえもんだ」

オレは思わず口に出していた。

その自分の一言がなにかのきっかけになったのか、ふと思い出して、なんとなくデスクの下に置いたカバンを開く。中の小さなポケットに、孫田からもらったコースターがあった。そこに書かれた住所をパソコンで検索してみる。どうも通勤途中にある堀船駅の近く、ホリフネ会館なるビルの三階にそれはあるらしい。ただそこになにがあるのかまでは調べてもわからなかった。

オレは昨夜〈クロスロード〉で見た孫田に頭の上がらない南郷継春の姿を思い出していた。

「チョウギ！」

びくっとなった。

「なにビックリしてんの。エロ動画でも見てたの？」

振り返ると経理の愛媛《えひめ》れいが立っていた。

「なんだよ」

「なんだよ、じゃないでしょ。あんた、先月から領収書ぜんぜん出してないけど、いいの？

あとでまとめて出されると、こっちはめっちゃめんどくさいんだからね」

「ああ、あとで出すわ」

「なに、堀船の方行くの？　著者の家？」

愛媛がパソコンをのぞき込む。なんとかいうアイドルに似てるらしく、よく見りゃ美人なんだが、さすがに今さらどうこう思わない。前の会社から一緒で、つきあいも長すぎる。

「なんか、総務に堀船に住んでる子がいて、社内の誰かを近所で見かけたって話があったなー」

「なんだ、その面白くねえ話。誰？」

「忘れちゃった」

「なんだよ」

「そんなことよりさ、知ってる？」

ほれきた。

「本宮さんってやっぱり米田社長とつきあってるらしいよ」

愛媛は異常なゴシップ好きだった。

「オマエ、そんなことデカイ声でいうんじゃないよ」

オレは思わず周りを見回した。編集長もいない。聞かれてまずそうな人間は、ちょうど

出払っていた。胸をなで下ろす。

愛媛はさらにデカイ声で、本宮の変わり身の早さについて感心しはじめた。

「いやあ、シャチョウの愛人だったのが、合併したらすぐに乗り換えるとはなー！　さすがやで」

シャチョウとは元・共和書房社長の大山鱒二《おおやまますじ》のこと。合併に伴い帝国パブリッシャーズ側の社長である米田喬に社長職を譲り、現在は副社長におさまっている。共和出身者はいまだに「シャチョウ」と呼ぶ人間が多い。

そして、本宮とは社長秘書の本宮恵理子《もとみやえりこ》。共和書房時代は大山の秘書をやっていた。実際に大山の愛人だったのかは知らない。ただ、愛媛の中の論理空間では、「元・大山の愛人、現・米田の愛人」というプロフィールになっているようだ。

愛媛はひととおり感心すると、「領収書は早めに出してよ」ともう一度念を押して編集部から出て行った。

「まったく、本宮といい、次郎といい……」

隣で端センパイがうめくように言った。

オレは『三分で恋人ができる！　熱血恋愛力教室』のゲラに赤字を入れる作業に戻った。

§

会社を出て堀船駅で降りたオレは、スマホの道案内アプリを見た。結局来てしまったわけだ。

歩く。だいぶ日も落ちてきた。

ホリフネ会館は駅のほど近くにあった。コンクリートの所々にひび割れが見られ、「耐震」の二文字から鑑《かんが》みればいささか心許ない雑居ビル。入り口の案内板を見ると七階まであり、目当ての三階には「雲夢書店」とある。くもゆめしょてん、か？

エレベーターに乗って三階へ。

降りると正面にドアがあり、そこに至るそれほど幅のない廊下の両脇には、無数の本が、縛られたり紙で包まれたりして、腰の高さまで雑然と積み上げられている。売りもんなのか、これ。

ドアを開く。

ビックリした。というか心配になった。背の高さほどに積み上げられた本が迷宮のような空間を作っていた。これ地震とかあったら一発じゃねえか。

えらい古そうな本が多いが、背表紙に『論語』や『孫子』やらいう漢字があるところを見ると、どれも中国古典に関するものらしい。『管子《かんし》』や『公孫龍子《こうそんりゅうし》』やら聞いたことがないのもたくさんある。本の壁にはばまれて見通せないが、人の気配はない。

「すみません」

返事がない。

「すみませーん！」

奥の方から、床をするような足音がした。そして、本の壁の一つからよたよたと出てきた。白いランニングシャツに腹巻き、ステテコ、足には便所サンダルのじいさん。ここは戦後まもなくの浅草ではない。時すでに二十一世紀にして、こんな格好で人に会おうという人間をリアルで目にするとは思わなかった。

「はあ？」

じいさんは、すでにだいぶアレそうだ。

「あの……」

とここまで言って、オレは自分がなんでここに来たのか、自分でもよくわかってないことに気がついた。ありのままを言うほかない。

「孫田さんにここに来てみろと言われたんですが」

「あ？」

と言ったっきり、老人はきびすを返し奥に戻ろうとする。

「いや、あの……」

老人は半分振り返り、手招きをする。本の壁伝いについて行くと、そこには六畳ほどの小さな部屋があった。四方の壁際には店舗部分と同じように本が積んであり、ホワイトボード一つと、粗末なパイプ椅子がいくつか、その中心には不釣り合いに豪華そうな、茶色くつやのある木に細かい彫刻の施されたでかいテーブルが一つあった。

「最近、耳が悪くてな」

「はあ」

「ウソだけどな。そこらに適当に腰を掛けんしゃい」

オレがパイプ椅子の一つを引き寄せて座ると、じいさんもテーブルを挟んで座った。

「おまえはワシの弟子じゃ」

「いやいやいやいやいや、さすがにそれはないわ。来ていきなり……」

「あ？」

じいさんは耳に手を当ててみせた。いや、聞こえてんだろ。ついさっきウソだって言ったじゃねえか。

「じゃあ、早速講義を始めようかの。あ、そうだそうだ、ちょっち待っとれ」

部屋を出たじいさんは一冊の本を持って戻ってきた。「ほい」っとオレの目の前に投げて渡す。本の表紙には「鬼谷子」と書いてある。

「なんですか、この『おにやっこ』って」

「おぬし、いっちょまえのツラしてアホじゃな。『きこくし』って読むんじゃ」

「はあ。で、これがなんです？」

「教科書じゃ。言葉で人を動かすためのな。開いてみい」

本を開いてみると、漢字の羅列。世にいう漢文ってヤツだ。高校以来か。お久しぶり。なにが書いてあるやら、さっぱりだ。

「読めんじゃろう？」

「読めないです」

「『おにやっこ』の時点でわかったわい。当然、この本についても知らんな？」

「これでも編集者だから売れてる本はチェックしてるけど、知らないですねえ。少なくとも売れてる本ではない」

「売れてなくて悪かったのう。なら、まずはこの本について説明しとこう」

オレはだんだん不安になってきた。

「あの、この講義っていくらとるんですか？」

「あ？」

じいさんは耳に手を当ててみせた。

「いや、これはマジで」

オレがややシビアな空気感を出すと、じいさんは高笑いをしながら、

「かっかっか！　安心せい！　わしゃカスミを食って生きとるんじゃ、カネなどとらんわ！」

2 人は見えないところから動かせ！

「時に中国の戦国時代！」

じいさんがテーブルをどんと叩いた。びくっとなった。

「……ああ、織田信長とかのアレですか？」

「『中国の』って言ってるじゃろ。中国の戦国時代ってのは紀元前五世紀から三世紀くらいのふっるい話じゃぞ。ここに信長が出てくるなら、『エヴァンゲリオン』の声優にマリ

リン・モンローが出とるわ、アホ」

「三国志とかのアレですか？」

「もっと何百年も前じゃ。この時代、中国はいろんな国に分かれて戦っておった。群雄割拠ってやつじゃな。で、そこで活躍したのが、遊説家《ゆうぜいか》じゃ。縦横家《しょうおうか》ともいう。要は、舌先三寸の弁論術で国を渡り歩いて、王に自分の考えた策を売り込み、身を立てようとした連中じゃ。そんな中、ある者は国の宰相に取り立てられ大金持ちとなり、ある者は政争に敗れ死んでいった」

「なるほど」

「わしが見るところ、東西の歴史上でも、こんなに弁舌が個人の運命を切り拓いた時代はないじゃろう。そんな彼らが実際に用いた、各国の王を動かすための言葉の技術の精髄をまとめたのが『鬼谷子』じゃ」

オレは、『鬼谷子』をぺらぺらとめくりながら、漢字が行列する紙面を眺めつつ、その話を聞いていた。じいさんの語り口は熱を帯びた。

「これは、なまっちょろい話し方マニュアルなんかじゃないぞ。自分の命を守りながら、王という圧倒的な権力者を動かすための技術が収められた空前絶後の書なのじゃ」

「でも、そのわりには、こんな本、聞いたことがないなあ」

オレがそう言うと、じいさんはさらにまくし立てた。

「それは、歴代の自称『徳と正義を重んじる』文人どもに評判が悪かったからじゃ。曰く、『国を乱す』、『視野が狭い』、『徳を知らぬ者の教えだ』。要は『人を動かせればいいというものじゃない！』というわけじゃな。じゃが、わしに言わせれば、奴らが後生大事に抱える徳や正義も、実際に人を動かさなければ、なんの意味があるか！　真の徳、真の正義を知らぬのは奴らの方じゃ」

オレはじいさんの語りの勢いに圧倒されていた。

「……で、そのすごい術をオレに授けてくれるわけですか。でもなんで？」

「わしの目的は教えない。ただ、おぬしはわしの教えを学び、自分の目的を達成すればそれでよい」

「オレの目的？」

「チョウギよ。おぬし、自分の勤めていた共和書房が帝国パブリッシャーズなる会社に乗っ取られて、不満たらたらでおるそうじゃのう」

いやいやいやいや。なんでこのじいさん、オレのこと知ってるんだ。あだ名まで。孫田にも話してないはずだ。

「あまりにもアレなんで聞きますけど。なんでオレの会社のことまで知ってるんですか？」

「それもいずれはわかることじゃ。そんなことより、どうじゃ、その不満たらたらの状況を、『鬼谷子』の説く、言葉の力で人を動かし、天下をも動かす術で変えてみるか？」

「まあ……、うーん、そうですね……」

じいさんはこちらをじっと見ている。なんとも言えないまなざしだったが、イヤな感じはしなかった。

§

オレに多少は『鬼谷子』とやらを習う気があると知って、じいさんは機嫌がよくなったのか、急須でウーロン茶を入れてくれた。飲む。本格的な味がした。もちろんなにをもって「本格的」とすべきかは知らないが、とにかくそんな気のする味だった。

じいさんも湯飲みのウーロン茶をずびとやり、こんと置く。

「チョウギ。おぬし、なにがしたいんじゃ？」

「え？」

「なんじゃ、急に耳が悪くなったか？」

今の「え？」はあわての「え？」だ。急に核心に迫られてあわてたのだ。

「そうですね、前の会社でやっていたようなホネのある本を作って、できればベストセラーになんかなれば文句なしですけど」

「そうか。それが今の会社の状況ではムリになっていると」

「そうですね」

「じゃあ、そんな会社の状況も変えたい訳じゃな」

「そりゃ、そうなればベストですけど、そんなことできますか？」

「できる。変えたいという気持ちが本心ならばな。おぬしのそれは本心か」

本心かと問われて、オレは一瞬心の内をまさぐってみた。思った通り、ウソはなかった。なぜか隣の席でうめいている端センパイの映像が一コマ浮かんだ。

「こう見えて、オレはオレなりに悩んできたんですよ。センパイみたいに飲んだくれてこそいませんが」

「なら問題ない。『鬼谷子』の術はお前の味方となるじゃろう。心の底からの気持ちは、必ず周囲と調和する。周囲と調和した言葉は、必ず人を動かすんじゃ」

じいさんは、再び湯飲みのウーロン茶をずびびとやり、こんと置いた。

§

「よいか。これからわしの教えることは、『鬼谷子』の術の基本。言葉で他人を動かすための初歩であり奥義《おうぎ》じゃ。なにを知ろうが、なにを身につけようが、結局はここに戻る。万事、基本とはそういうものじゃがな。とにかく、しっかり聞くんじゃ」

「わかりました」

「『鬼谷子』では口を〝存在と滅びの門〟だと考える」

じいさんは、突如として不可思議なことを言い出した。

「〝存在と滅びの門〟……ですか」

そう言えば、孫田も同じ言葉を口にしていた。いや、全然わかんねえな。

「『全然わかんねえな』って顔しとるな。要は、口とは開くことで言葉を出し、閉じることで言葉を止める門なんじゃ。口から出た言葉一つで自分や誰かが救われたり、逆に滅びたりすることがあるのは、おぬしにもわかるじゃろう？　これは口を閉じて言葉を止める沈黙も同様じゃ。話さないことで人を救うこともあるし、滅ぼすこともある。だからこそ、**口とは開閉で言葉をコントロールする〝存在と滅びの門〟なんじゃ。**そして、その門を正しく操ることで、言葉の持つ力の支配者となり、人を動かし、天下を動かす。これが『鬼谷子』の術なのじゃ[*1]」

　と、じいさんがそこまで言ったとき、部屋に猫が入ってきた。っていうか、なんだこの猫。毛並み全体が青く、口の周りと腹、前足と後ろ足の先だけが白い。耳が極端に短く、鼻が妙に赤い。こんな猫いるのかよ。

「ペットですか?」

　オレが尋ねると、じいさんは膝に乗ってきた青い猫をなでながら答えた。

「わからん。よく来るんじゃ」

「なんて種類の猫なんですか。見たことないですけど」

「知らんよ。わしが買ってきたわけじゃない」

　猫はそのまま眠りはじめた。じいさんは話を続けた。

「ところで、おぬしは陰とか陽とかいう言葉は聞いたことがあるか?」

「なんとなく」

「この世界の成り立ちや出来事は、すべて陰と陽の二つの気の働きで説明できる、という考え方がある。これを世間一般じゃ陰陽思想と呼ぶんじゃが、これはヨーロッパの近代科学が入ってくるまで、アジアでは正統な科学じゃった」

「はあ」

「今でも占いの分野じゃ、この考えは生きておるがの。**『鬼谷子』の術は、この陰陽に基づいて言葉を支配する術**なんじゃ[*2]」

「なんか難しそうですね。オレに使いこなせますか？」

そう言うと、じいさんは笑いながら答えた。青い猫は笑い声にも、じいさんの膝の振動にも眠ったままだ。

「おぬしが陰陽を熟知しておるなんてことは、はなから期待してはおらん。そんときそんときで教えてやるから安心せい」

じいさん、意外に親切らしい。ただなぜそこまで親切にしてくれるのか、まったくわからないところが不気味だが。

「まあ、おぬしにわかるようにチョー簡単に言えばじゃな。陽と陰ちゅうのは、光と影、転じて見える所と見えない所、プラスとマイナスなどを象徴する言葉じゃが、ここで一つ、一番大切なことを言えばじゃ。**人を動かす場合には、つねに自分を陰におくこと。**[*3]これは『鬼谷子』の教えの大原則だから、肝に銘じておくのじゃ」

「自分を陰におくって具体的には？」

「そうじゃな、思いつくままに挙げれば、まず人から知られぬところで周到に準備すること。自分の狙いや謀《はかりごと》は決して人に知られぬこと。人を動かしていることを相手や周りに悟られぬこと。相手を動かしたらすぐに去ること、じゃな」

「とにかく他人に気づかれないってことですか」

「そうじゃ。**知られぬことが陰**なのじゃ。あからさまに他人を動かし、その功績を誇るような人間は『鬼谷子』の術から言えば愚か者。戦国時代なら、すぐにねたまれるか恨まれて、誰かに殺されるじゃろう。現代でも、そんな行いは、周りに引っ張らせるための足をぶらぶら差し出してるようなもんじゃ」

「なるほど」

「じゃから、おぬしがこれから企画を通し、社風を変えようという場合にも、かっこよく大活躍してヒーローになろうなどとは思わんことじゃ。それは阿呆のやり方。**プラスの活躍を他人に知られることは、それと同じ量のマイナスを他人の心中に植え付けることと知れ**。これもまた、『陽あれば陰あり』の陰陽の法則じゃ。とにかく、出る杭が打たれること、持ち上げといて落とされること、はしごを外されること、いずれもよくあることじゃが、こんな凡庸な落とし穴にはまるようでは『鬼谷子』の術の使い手とは言えんのじゃ」

どうやら『鬼谷子』の術というのは、シビアで身もふたもなく実践的なものらしい。オレはここにきて「習いたい」という気持ちがはっきり出てきたのに気がついた。

「よいか。人を動かすとき、相手に、あるいは、周りに気づかれるようでは、『鬼谷子』の術としては下の下じゃ。**目指すは、周囲の傾きに合わせて円が転がるような自然な動き。**己を陰に隠し、周囲と調和しながら、周囲を動かすのじゃ。**これすなわち〝転円《てんえん》〟**＊4。『鬼谷子』の奥義なり。この猫を見よ。わしは膝に乗ってきた猫をなでておるが、わしがなでたくてなでているのか、猫になでさせられているのか、見分けがつくか。この猫の境地こそ『鬼谷子』の術の目指すものなのじゃ」

じいさんの膝の上で眠っている青い猫。腹にポケットはないようだ。

3 動かす相手は見えるところにおけ！

青い猫は、じいさんの膝から飛び降り部屋から出て行った。

「そろそろ具体的なところに入っていこうかの。人を動かすためには自分を陰に置くと言うたが、それと逆に**相手のことは陽に置くこと。**これも大切な原則じゃ」

「陽に置くって？」

「**相手の実情、目的、内心といったものを明るみに出しハッキリ把握するということ**じゃ。

理想を言えば、**こちらは相手のすべてを知り、相手はこちらについてなにも知らないという状況を作ること。**＊5 人に知られるとは、その運命を握られるに等しいと心得よ。だからこそ、知られずに知る、つまり、自分を陰に相手を陽に、これが大切なのじゃ」

「自分を陰に相手を陽に、か」

「そうした状況を作るためにしなければならんことが二つある。すなわち、**〝量権《りょうけん》〟**と**〝揣情《しじょう》〟**＊6」

「〝量権〟と〝揣情〟？」

なんだそりゃ。

「**周りの情勢を知って陽とする。これを『鬼谷子』では〝量権〟という。**戦国時代、縦横家が策謀を考えるとき、必ず事前に各国の状況を明確に把握したもんじゃ。どの国が大きくどの国が小さいのか、その国ではなにが多くなにが少ないのか、カネはあるか、人は多いか、地形はどうか、王と部下の仲はどうか、誰が有能で誰が無能か、どの国とどの国が友好関係あるいは敵対関係にあるのかなどなど。これを知る作業が〝量権〟じゃ」

「ずいぶん慎重だったんですね」

「当たり前じゃ、王を動かすことに失敗すれば、ヘタすりゃ死ぬ。それが縦横家じゃ。だからこそ、まず置かれている状況を明確に把握するんじゃ」

「なるほど」

「そして、もう一つ。**動かす相手やその周辺がどういう性格か、なにを好みなにを嫌うのか、なにを狙っているのか、その内心をはかって白日の下にさらして、陽とする。これを〝揣情〟という。**つまり、周囲の情勢についての〝量権〟、周囲の人間についての〝揣情〟。二つそろってはじめて陰は陽に引き出され、誰をどう動かすべきかが完全に把握できるわけじゃ」

「はあ」

わかるような、わからんような。

「なにが『はあ』じゃ。とりあえず、おぬしの会社の人間関係を図にしてみい。おぬしがやりたい企画を通し、社風を一新するために誰をどのように動かしたらいいか、考えてみよう」

じいさんはホワイトボードの方を見て言った。オレは思いつく限り、社内の状況を図にしてみた。

「これでだいたいのアレは書けました。こんな感じですね」

「で、おぬしは自分の考えた本の企画が通らんと。まず、第一に誰が通さんのじゃ？」

「この剣振次郎って編集長ですね。ウチの会社の企画会議は、まず編集部内でやる部内会

共和帝国出版組織図

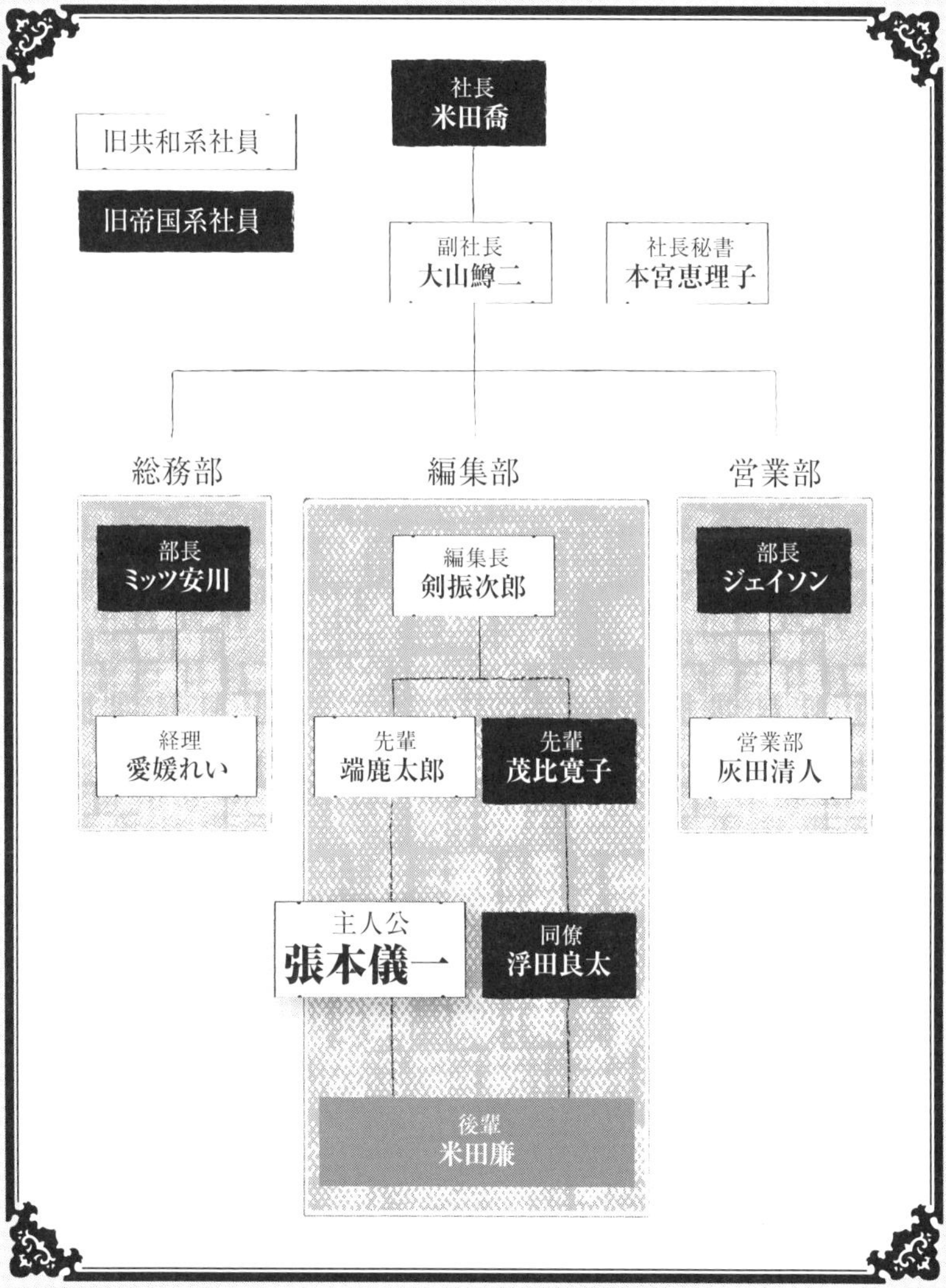
社長
米田喬
旧共和系社員
旧帝国系社員
副社長
大山鱒二
社長秘書
本宮恵理子
総務部
編集部
営業部
部長
ミッツ安川
経理
愛媛れい
編集長
剣振次郎
先輩
端鹿太郎
先輩
茂比寛子
主人公
張本儀一
同僚
浮田良太
後輩
米田廉
部長
ジェイソン
営業部
灰田清人

議ってのがあって、そこで通ったら、その上の役員と部長級が集まってやる役員会議で最終決定って手順なんですが、部内会議の段階でこの剣振編集長に落とされちゃうんです」

「おぬしの企画がショボイってことはないのか？」

すげえこと言うな、じいさん。

「それもあるかもしれませんが」

オレは思わず苦笑して、話を続けた。

「そもそも合併のとき、米田社長は、編集部の企画は共和出身の社員に任せて、それを帝国出身の強い営業で支えていくって言ってたんです。それで共和出身者の剣振さんが編集長になったんだし。でもフタを開けてみたら、その編集長がオレたちが前の会社でやってきた、内容で勝負するような企画を全部却下して、むしろ、帝国が出してたようなヒット作の後追いのパクリ企画ばかり採用する」

「なぜ、剣振編集長はそんなことするんじゃ？」

「わかりません。新体制になってから、腹を割ったような話もしてないですし。上の人間に気に入られたいのかも」

「憶測はいらん。〝疑〟に基づいて動けば、それだけで失敗のリスクが出てくる」

「〝疑〟？」

「不確かなもの、あやふやなもののことじゃ。**〝疑〟に基づいては動かないのが『鬼谷子』の術なのじゃ。**[*7] まあ、とにかく最終的にこの剣振ちゅう男におぬしの企画を採用させればよいわけじゃな」

「そうです」

「ふむ。他には？　実際の会議で、誰か他に反対しているものはおるのか？」

「会議で反対の主導権を握っているのは、営業部を代表して出席してる帝国出身の営業部長のジェイソン・リーと、同じく帝国出身のデスクの茂《も》比《ひ》寛《ひろ》子《こ》って人ですね」

「営業の人間が編集部の部内会議に出とるのか」

「もともとウチの会社、いや合併前の共和書房のことですが、『作る本はいいが営業が弱い』っていうのがもっぱらの評判だったんです。一方で帝国パブリッシャーズは、営業と宣伝戦略で大きくなった出版社で、書店への本の置き方も宣伝の仕方も一枚上手で、ぶっちゃけ業績としては帝国の方がはるかに上でした」

「ふむ」

「だからこそ、さっきも言ったように、合併当初の建前は、共和出身者中心の企画編集を帝国出身者中心の営業が助けるってものだったんです。で、その一環として取り入れられたのが、営業部長が編集部の企画会議に出席して助言するってシステムだったわけです」

「ふむ」

「ただ、実際会議が始まってみると、共和出身者の出すような企画は全部、その営業部長から『難しすぎる』、『売れている類書がない』、『著者が有名じゃない』っていう反論が飛んでくる。考えてみれば、ヒラ社員の中で一人、部長が発言するわけで、なかなか反論しにくい空気がありますよ。で、すかさず編集部の茂比寛子がそれに同調するような意見を出すんです。順番としては、その反対のパターンもありますけど。で、それを剣振編集長が採用して却下される。この半年それがずっと続いてるんです」

「ふむ。ということは、おぬしが部内会議で企画を通すために賛成に動かすべきは、重要度としては第一に剣振編集長、次にジェイソン営業部長、茂比寛子と、この三人ということでよいのじゃな」

「はい」

「ちなみに、役員会議ってやつはどうなっとるんじゃ」

「これについては、オレも出たことがないんでよくわからないんですが、基本的には剣振編集長が部内会議で通った企画を役員に向けてプレゼンする形になってるみたいです」

「ということは、現状、ここでも剣振編集長がカギじゃな。こやつを企画が通るように役員会議でもうまく動かす必要があるわけじゃ」

4 鬼谷子からの宿題

――会話せよ！

「あ、そうじゃ。おぬし、アレ食うか？」

じいさんは唐突にそんなことを言った。

「アレ食うか？」という質問に明確に答えられる人類がどれほどいるだろうか。オレのそうした逡巡にもかまわず、じいさんは一方的に立ち上がって部屋を出て行き、しばらくするといれ直した急須のウーロン茶とたい焼きをお盆に載せて帰ってきた。

「ほれ、客が持ってきたもんじゃ。食え」

じいさんがたい焼きをすすめる。手にとると鬼のように冷えてる。一口かじるとカスタードクリームが出てきた。冷えてるわりには、うまい。熱いウーロン茶に合ってる。

「で、実際、会議で通るのはどういう企画なんじゃ？」

じいさんがたい焼きを食いながら尋ねてきた。

「まあ、帝国が出してたような、まあこう言っちゃなんですが、カスみたいな企画ばかりです。後追いの企画を強い営業で売るんで、ある程度は売れますがね。もともとの共和書房のファンにはエラい落胆されてるみたいです」

「ほう。しかし、それならなんで米田社長は共和と合併したんじゃ？　やり方を取り入れないなら、なにも合併する必要もないわけじゃろ？」

「わかりません。帝国側がなにをしたいんだか。それにわからないと言えば、ウチの社長だった副社長の大山もわかりません。合併以降、沈黙を守っててどういうつもりなのか。現状について、なんか言ってくれればいいんですが」

　その後も、じいさんはオレの書いた組織図に出てくる人物について、一人一人、その様子やどういうつもりでいるのか、などを事細かに質問してきた。そして、一通りオレの答えを聞くと、わざとのように大きくため息をついた。

「おぬし。自分の置かれた状況や動かす相手のことがなんもわかっておらんな。情勢への〝量権〟、内面への〝揣情〟ともになっとらん。いまだ相手は陰におるわ。それじゃ、剣振やジェイソン、茂比寛子を動かすにしても手立ての考えようがない」

「すみません」

　なんで、オレははじめて会ったじいさんに謝ってるんだ。

「宿題を出そう。明日から、会社で周りの人間の話をよく聞き、相手の状況や内面を陽に引き出すのじゃ。そのための方法を教えてやろう」

§

その後、『鬼谷子』の説く〝反覆《はんぷく》〟というものについて習って、ホリフネ会館を出ると外はすっかり夜だった。「必要になったら、いつでもまた来い」とじいさんは言っていた。スマホの時計を見ると、九時。結局、三時間も話していたことになる。

それにしても、昨日のバーから始まる急転直下。ついにヘンなじいさんの弟子にまでなってしまった。疲れた。

オレは堀船駅から、家のある元八幡《もとはちまん》駅までの電車の中、明日からすることを思い描いていた。まずはオレがなにも知らないという状況を変える。相手を陰から陽へ引っ張り出すのだ。周りの人間と話をする、そのためには……。

考えながらも、ふと、今日出会ったばかりのじいさんをまるっきり信用している自分に気づき内心苦笑した。ただ、妙に説得力があったのだ。あのじいさんの言うことには、キレイゴトではない迫力があった。

それにだ。現にオレがこうして動かされちまっている。孫田に、そしてじいさんに。

これ自体が『鬼谷子』の教えの強さを証明しているのではないか。そう言えば、そんなパラドックスがあったな。クレタ人はうそつきだとクレタ人が言った。いや、これはちょっと違うか。

もうすぐ元八幡駅。腹が減ったな。そう言えば、夕飯まだだ。

第2章

いきなり人を動かすな、雑談で情報収集せよ

『鬼谷子』の教えを実践しはじめたチョウギ。
会話の根本原理〝反覆〟に従って、周囲の人間の心の内が次々と明らかになっていく。

5 会話は〝反覆〟だ。同調が基本

オレはジャケットを脱ぐと、シャツの袖をまくった。今日も『三分で恋人ができる！熱血恋愛力教室』のゲラに赤字。

心中にどんな謀があろうとも、いつも通りの仕事をする。人を動かすには周囲に悟られず、陰にいることが大事なのだ。昨日、じいさんは、**謀はとくにその始まりや終わりにこそ失敗の亀裂が入るものだ**、とも言っていた。**亀裂は、いつのまにか川となり谷となり謀自体を崩してしまう。だからこそ、ささいな亀裂も生まないよう注意が必要なのだ。**[*1]

それにしても、とゲラを読みながら思う。これを読んでも、三分で恋人はできない。「吊り橋効果を利用する」、「会う時間より会う回数！　ザイオンス効果」、「偶然をよそおって運命感を演出する」やらあるが、どれもうまくいったとして三分以上かかる方法ばかりだ。しょうもない。

かといって、もともと剣振編集長が担当していた仕事を引き継いだだけのオレが、今さらライターに書き直させるわけにもいかない。剣振編集長はこの原稿にＯＫを出したら

反覆《はんぷく》とは？

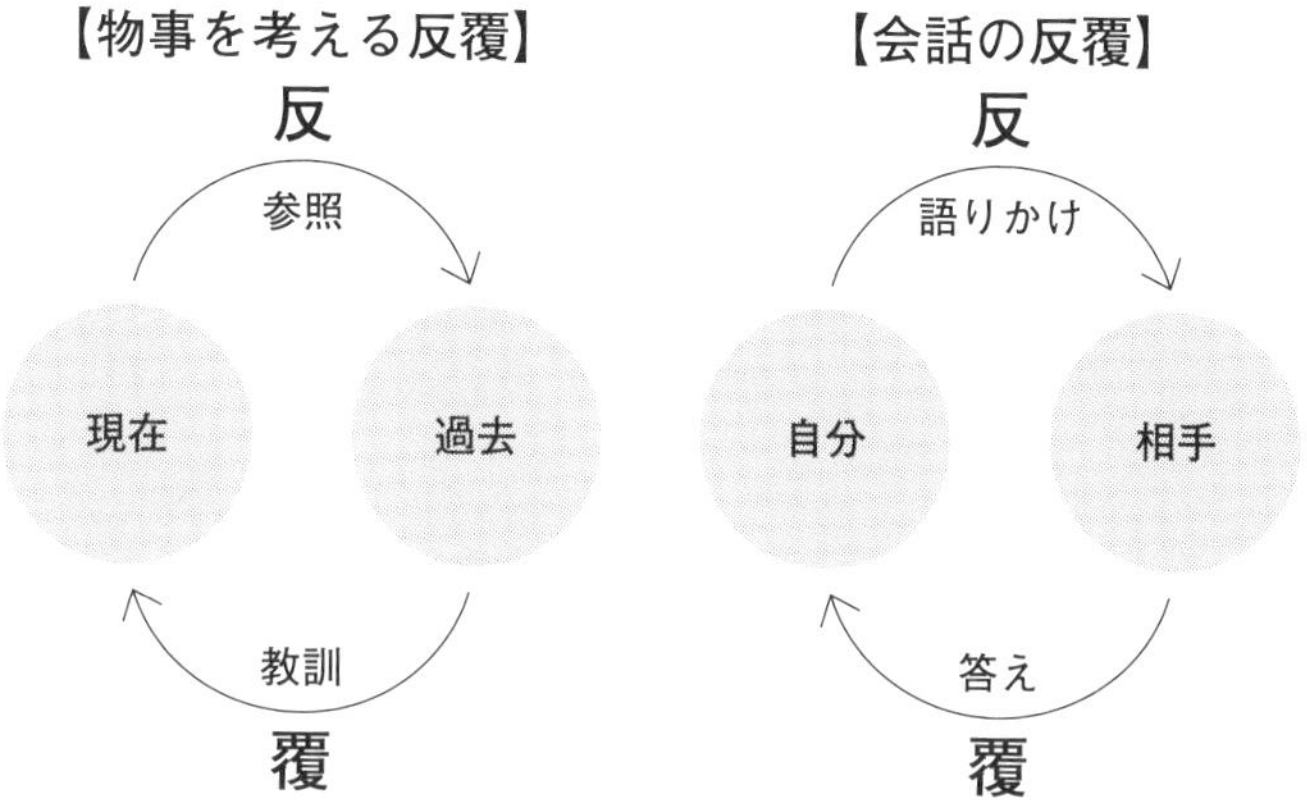

しいし。ちなみに「三分」というタイトルの方も、例の『人は三日で恋人ができる？白熱恋愛学講座』をベンチマークしたもの（という言い方を帝国のヤツらはする）なので変更不可能らしい。しょうもない。

オレは赤字を入れるのにもなんとなく飽きて、カバンから手帳を取り出し、昨日じいさんの話を聞きながら取ったメモを見た。

そこには双方向の矢印からなる図形が描いてある。

『鬼谷子』の原理で重要なものに〝反覆〟というものがある。[*2]

これは**何事も、こちらからの働きかけ（反）とフィードバック（覆）の中で明らかになっていくという原理。**

『鬼谷子』の術の根幹である会話は、この〝反覆〟の典型例なのだ。**こちらが〝反〟の言葉を投げかければ、相手からは〝覆〟としてそれに応じた言葉が返ってくる。その〝覆〟を聞いてさらに〝反〟を返す。この繰り返しの中で、相手のことが徐々に明らかになる。**これが『鬼谷子』の考える会話の本質だ。

『鬼谷子』の術を使うものは、この会話の〝反覆〟の中で、理想的には、周囲のすべてを把握しなければならないのだ。

そこで大事なのが、それが**特定の情報であれ、聞きたい本音であれ、相手から引き出すには適切な言葉をぶつける必要がある**ということだ。[*3]とじいさんは熱弁していた。

なんとなく脳内で昨日のじいさんの講義を復習していると、いつのまにかもうすぐ昼休みの時間になっていた。

隣では打ち合わせから帰ってきたばかりの端が、パソコンでメールかなにかをチェックしている。

「センパイ、メシ行きます？」

端センパイは画面から目を離さずに「おう、ちょっと待て」と言い、タタッタンとキメのようにキーボードを叩くと、

「行くか」

と答えた。二人でエレベーターに乗り込む。

現在の会社、我が共和帝国出版は、帝国パブリッシャーズのあった七階建てのビルをそのまま使っている。編集部は三階だ。

オレは「1」のボタンを押し、続いて「閉」のボタンを押した。

§

目の前では、ネクタイをゆるめ倒した端センパイが、アイスコーヒーの隣にあるナポリタンをすすっている。

銀保町駅近くにある〈トロールパーク〉は、オレの行きつけの喫茶店で、端とメシを食いに行くときにもよく利用する。いつも客がいないため、思う存分と愚痴と陰口が言えるからだ。

ただ、今回のオレには、いつもと違って一応の狙いがあった。それは、心変わりした剣振編集長の〝事《こと》〟はなにか、そのヒントを剣振と親しかった端センパイの話から聞き出すことだ。

〝事〟とは『鬼谷子』の用語で、じいさんいわく、それぞれが内面に抱える目的や狙いの

こと。「世の中をよくしたい」のような人生観に近いような重要な〝事〟から、「今日の昼メシはチーズピラフが食いたい」といったささいな〝事〟まで、すべての人間は様々な〝事〟を抱えて生きている。そして、他人を動かすには、その人間の〝事〟、とくに動かすテーマに関係のある〝事〟を事前に把握し、それに逆らわないように自然な形で動かす、というのが『鬼谷子』の教えだ。

例えば、この店には、現在、珍しいことに、もう一組、オレらから離れた席に客がいる。カタログを見せながら、なにかを売りつけようとするスーツ姿の男とその話を聞いているオバチャンだ。

『鬼谷子』流に言えば、スーツ男には「商品を売りたい」という〝事〟があり、そのために言葉を駆使してオバチャンを動かそうとしている、ということになる。しかし、ここでの問題はオバチャン側の〝事〟なのだ。スーツの男の商品を買わせようという謀の成否は、オバチャンの〝事〟がどんなものか、それ次第だ。

スーツ男がなにを売りつけようとしているのかは知る由もないが、仮にダイエット商品だとしよう。端的に言って、ダイエット商品を買わせるには、オバチャンの側に「痩せたい」という〝事〟がなければ難しい。もちろん、ムリヤリ売りつけることはできる。だが、その**「ムリヤリ」こそが、憎しみ、トラブル、禍根といったリスクの芽を生むと『鬼谷子』**

では考える。

ではスーツ男はなにをするべきか。会話の〝反覆〟の中でオバチャンの話をよく聞くことだ。そして、オバチャンがどんな〝事〟を持っているのかを探り、「痩せたい」という〝事〟があれば、そこではじめてセールストークを始めればいいし、なければおとなしく引き下がる。『鬼谷子』的には、それだけの話なのだ。[*4] まあ、オレもじいさんから昨日聞いたばかりだが。

§

「おい、聞いてんのか！」

端センパイの声。おお。いかん。こうやって誰かに説明するように物思いにふけるのはオレの悪い癖だ。あわてて答える。

「聞いてますよ」

「で、そんなメール受け取ってねえ、なんて言われちゃってよ。帰ってきて確認したら、やっぱ、オレはちゃんと送ってたんだよ。まったく。なんなんだよ」

なんだ、この話。オレはやはり端センパイの話をまったく聞いていなかったようだ。その後、オレはセンパイの愚痴を聞くふりをしながら、チーズピラフを食っていたが、頃合いを見て、剣振編集長の〝事〟を知るために水を向けてみた。

「剣振さんっていったいどうしたんですかねえ」

「どうもこうもないだろ。次郎は帝国側に気に入られたいんだよ」

オレの「剣振」という〝反〟に端が反応した。はたしてどんな〝覆〟が返ってくるか。

言葉を引き出したければ、相手に合わせて同調すること。**相手や状況に応じて、同調していくというのは『鬼谷子』全般の基本でもある。**

「たしかに気に入られたいって雰囲気はバリバリ出てますよね」

「だろ？　あいつも前はあんな奴じゃなかった」

「そうですよね。なんかあったんですかね？」

「わからん。ただアイツ、合併の直前に結婚して、子供もできただろ？」

そいつは驚いた。初耳だ。剣振には思わぬ〝陰〟が隠されていた。

「え、そうなんですか？」

「やっぱり知らなかったか。いや、オレらの会社も合併直前、ずいぶんと暗くて重っくるしい雰囲気になっただろ？　ウチの会社が乗っ取られるんじゃないかって。実際そうなったんだが」

端は軽く笑って、フォークに残りのナポリタンを巻きつけた。

「まあ、とにかくアイツも言い出せなかったわけだ。会社自体がどうなるかわからなかったしな。で、そのまま編集長になって、オレたちともあまり話すこともなくなって、そのままだ」

「そうだったんですか。全然知りませんでした」

まあ、そもそもオレの場合、合併前から、剣振とは端と話すほどには話をしなかった。なんか、その場その場でいい顔をしたがるお調子者っぽい感じが苦手だったのだ。

「次郎も、まあ陳腐な言い方にはなるが、守るものができたわけだ。そう考えると、新しくなった会社で事を荒立てたくないってのもわかるよな。そう。わかるんだよ」

「ああなるのもムリもないってことですか……」

剣振の〝事〟の一片がだんだん見えてきた。端の話を聞く限りでは「会社には逆らわない」といったところだろう。ただ、この「会社」って部分はもうちょっと具体的にしたい。会社の〝なに〟に逆らわないのか。これは本人から引き出した方が確実だ。伝聞は〝疑〟であり失敗の亀裂を生む、とじいさんなら言うだろう。

「オレは次郎の態度が正しいとは思えない。オレたちがやってきた共和書房なりの本作りが、まったくなくなっていいとはどうしても思えないんだ」

「まったく同感ですよ」

オレの本心だ。端が照れたような笑顔を見せた。

「いや、こんな昼時の薄暗い喫茶店でなにアツくなってるんだって話だよな。さあ、くだらねえ仕事に戻るか！」

端は立ち上がると席にかけてあったスーツのジャケットをつかんだ。

6 〝内ケン〟を知れ！——人と人との見えない「関係性」

オレは席に戻ると、先月からたまっている経費の精算をすることにした。早く精算しないと、経理の愛媛が、催促に来るたびオレの席で、誰と誰がつきあってるだ、誰が誰のことを実は嫌ってるだ、と衝撃ゴシップを大声で炸裂させるだろう。想像するだに恐ろしいことだ。

領収書と過去のスケジュール表を見くらべながら、この日は誰とどこで打ち合わせて、なんて思い出しつつ精算書にいろいろ書き込む。時折スマホの電卓も叩く。

ふと顔を上げると、少し離れた席で剣振編集長が、傍らに立つ編集部の新人・米田廉《べいだれん》になにか話をしていた。米田廉は社長の米田喬の息子だ。剣振は、このやる気のかけらも見せない米田喬の息子にめちゃくちゃ気を使っていた。会社に逆らえない以上、社長の息子にも逆らえない。そんな理屈なのだろうか。

端の話を聞いたからか、剣振のことがなんとなく違って見えた。要は剣振も必死なんだろう。米田廉がなにやらふてくされた口調で言うのに対して、

「それはわかるんだけどね……」

などと丁重に応対しているのが聞こえてくる。

オレはなんとか精算書を書き終えると、総務部に向かった。

§

総務部に行く。総務部は編集部の一階上の四階だ。

愛媛の席まで精算書を届ける。愛媛は精算書と領収書を一通り簡単にチェックした。そして、

「ところで、いい情報入りましたぜ。ダンナ」

「オマエの情報はいらん」

経理を担当する愛媛の席は、今ちょうど席を離れているもう一人の経理担当者とともにパーテーションで区切られ、他の人間と離れた場所に置かれている。だから、多少でかい声でうわさ話をしても大丈夫だと思っているらしい。いや、そもそも気にしてないのか。

「ダンナにはかないませんね。お教えしましょう」

「ビョーキだぞ、おまえ」

「一本吸いますか？」

「じゃがりこじゃねえか」

愛媛はじゃがりこを食いつつ話しはじめた。

「ウチの部長だけど」

なんだかんだで思わず聞き入る。うわさ話の恐ろしいところだ。

「近々役員になるんだって」

「へえ。ミッツ安川部長が」

ミッツ安川は帝国出身の総務部長だ。もともとアメリカの企業に勤めていたらしい。社内では唯一、社長の米田にものが言える人物として知られている。まあ、具体的にどういう風にものを言っているかは知らないが、とにかくそういう評判がある。ちなみに「ミッツ」という名前は、日本に帰ってから本人が勝手に名乗っているだけらしく、純粋な日本人だ。本名はミツヒロだかミツヒコだかだったはずだ。

「そう。ミッツ部長、ミッツ部長。ミッツ部長ってスーツの着こなしもオシャレだし、中年にしては清潔感もあるし、いいわよ」

「たしかに、イケてる感じはあるよな」

「あれだけイケてると誰かとつきあってるんじゃないかしら」

こいつはすべての人物をそういう視点で見てるんだろうか。恐ろしいヤツだ。とにかく、せっかくだから、状況を探る〝量権〟だ。少しでも社内の情勢を知っておくとするか。ミッツ安川もまたオレにとって、いまだよくわからない人物の一人。少しは陽に引き出して把握しておきたい。

「ところで、なんで役員になるの？　やっぱ優秀なの？」

オレが尋ねると、愛媛はイヤイヤイヤと手を振りながら、

「まあ、優秀は優秀なんだろうけど。それより、ミッツ部長は、米田社長と同じ大学のサークルの後輩で結構仲がよかったらしいの。だから、米田社長に対してもいろいろ意見が言えるのよ」

「サークル？　なんのサークルよ？」

オレは社長のイメージからか、「経済なんちゃら研究会」やら「日本なんちゃら雄志会」

やらカテえ名前を脳内にめぐらせていたが、愛媛はこう言った。

「テニサー」

「テニサーって、テニスサークルかよ?」

「そうよ」

「意外!」

オレは思わず吹き出した。

「あんた、社長のこと、ディスってんの?」

「ディスってねえよ」

「あんな顔して、社長テニサーとか入ってたのかよ、だせえ、とか思ったんでしょ?」

「どちらかと言えば、おめえがディスってるぞ」

「そう?」

愛媛は涼しい顔をしている。

オレは、社長と部長のつながりについて、昨日じいさんに聞いた言葉を思い出していた。

「〝内《ない》ケン〟ってヤツか……」

「え、なに?」

「なんでもない」

内ケンとは『鬼谷子』の用語で、話を聞いてもらうための結びつきのこと。[*5]「ケン」は漢字で「揵」と書く。よくいう「関係性」ってヤツだ。『鬼谷子』には、内ケンの例として、同じグループの仲間であることによる内ケン、カネによる内ケン、快楽による内ケンが挙げられている。ミッツ安川の場合は「サークル仲間」という関係性、つまり内ケンがあって米田に意見が言えているわけだ。

この内ケンは『鬼谷子』において重要な考え方で、**相手を言葉で動かすには、〝事〟がこちらの謀に合ってることの他に、内ケンの結びつきがなければ万全とは言えないとされる。**[*6]

「ねえねえ、ひょっとして、今わたしに『好きだ』って言ったんじゃないの？」

え？……。たしかにコイツ、意外にやさしいところもあるし、よく見ればなんとかいうアイドルに似て顔もカワイイし、仕事も早いし、あと社内のゴシップについての探求心たるや……。うん。ないな。

「失礼しまーす」

オレはこれ以上めんどくさいことを言われないうちに退散した。

ちなみに、前の会社のとき、外部の印刷会社の営業マンがひそかに愛媛に言い寄るという珍事があったが、翌日には社内の九割以上の人間がその営業マンの名前と簡単なプロフィールを知ることになったのだ。

§

オレは席に戻ると、再び『三分で恋人ができる！　熱血恋愛力教室』のゲラに赤字を入れはじめた。これがオレの仕事だからだ。

作業を始めてしばらくすると、なにやら右の方から騒がしい感じがしはじめた。

「あなた、電話もとれないいんですか！」

「な、なんだよ。うっせえな。ソクラテスもアルキメデスも同じようなもんだろうが！」

見ると、茂比寛子と端センパイが対峙している。というより、茂比が端センパイを見下ろしつつ詰め寄っていた。茂比は背丈が百八十センチ近くあり、アップにした髪型、眼鏡の奥の鋭い眼光、こちらから見てもかなり威圧感がある。端センパイが内心「タジタジ」と音を鳴らして、おののいている様子が手に取るようにわかる。

茂比寛子は、たしかオレよりちょっと年上で、三十すぎくらいだっけか。ちなみに結婚してるのかどうかとかプライベートについてはよく知らない。

オレは茂比を見ると、いつも一時期スタローンの嫁さんだったブリジット・ニールセン

というデカい女優を思い出す。『ロッキー4』と『ビバリーヒルズ・コップ2』以外は、地獄の底で上映していたような映画にしか出ていないが、シュワルツェネッガーとも関係があったという女傑だ。ちなみに、スタローンは、ニールセンとの結婚を心底後悔しているらしい。

で、なんだっけか。ああ。茂比と端センパイがモメてるんだった。脳内から現実に視線を戻すと、まだモメてる。二人のやりとりを聞くともなく聞いたところ、要は、ざっくりこういうことらしい。

茂比が不在中、彼女あての電話をたまたま端が受けた。その電話の主は占い師かなにかで「ソクラテス花子」と名乗り、携帯の連絡先を伝えて折り返しの電話をお願いした。で、端は、メモに連絡先と「アルキメデス花子さんから電話」と書いて茂比の席に置いた。で、茂比が「アルキメデス花子さんの電話ですか」。相手が「私はソクラテスよ！」と激怒して、茂比が端センパイに激怒。なんかそのソクラテスは、茂比が今やってる企画の著者の大事な友人だったらしい。

うん。端センパイが悪い。

「あんたたちは、社会人としての基礎がなってないのよ！」

出た。最近の茂比寛子の十八番のフレーズ。「あんたたち」というのは、要はオレら共和出身の編集者のことだ。

まあ、今回のケースは一〇〇%彼女の言う通りにせよ、ここんところ、机の上の整理整頓、服装、来客へのあいさつの仕方、ゴミ箱の使い方等々、やたら「社会人としてダメだ」、「一般常識がない」などと新入社員にするような小言を言われることが増えた。言われるのは、オレと端センパイだけなので、目の敵ってヤツなのはたしかだ。

で、オレなんかは素直に「すみません」と謝るが、端センパイはムキになって口答えするもんだから、関係がこじれにこじれて、そのこじれがこちらにまで波及して、なぜかオレまで茂比とまともに口をきけない状況になっている。

『鬼谷子』流に言えば、まさに話をできるような関係性、つまり〝内ケン〟がまったくないわけだ。現時点では、会話の〝反覆〟で茂比が抱える〝事〟や情報を探ることも難しいだろう。周りから情報を収集した方が、余計な気配を悟られることもないはずだ。

7 〝象比の術〟を身につけよ！

――相手の狙いを探る

それにしても許されない。読めば読むほど許されない。「オレの担当する『三分で恋人ができる！　熱血恋愛力教室』のどこにも三分の要素がない問題」。昨日も、愛媛に精算書を渡したあと、めいっぱい残業して、なんとか「三分」的な要素が出ないかガンバったがムリ。

オレは今日もいかんともしがたいゲラを前に頭を抱えていた。

こりゃ、だめだ。どうしようか。ひとしきり悩んだあと、やっといいことを思いついた。

左隣だ！

オレの席の右隣には、端センパイが座っている。今も、なんか電話でメールを送った送らないでモメている。そして、左隣に座っているのが、浮田良太《うきたりようた》だ。

浮田は帝国出身の編集者で、たしか二十五、六でオレと同年代。帝国出身者は、ツンケンした雰囲気で話しかけづらい人間が多い気がするが、浮田はちょっと違った。なんとなく、いつも笑顔で軽やかな雰囲気で働いている印象がある。オレにもこだわりなく気軽に話しかけてくる。

ジョン・レノンやら永井荷風やらがかけていたような丸眼鏡に七三分けの髪形というビジュアルがやや奇妙なくらいで、基本的にはイイ奴そうだ。

この男に「三分をうたっておきながらどこにも三分の要素がない問題」の相談をしつつ、〝象比《しようひ》の術《じゆつ》〟を試してみよう。まさに一石二鳥。

そう、象比の術。[*7]**『鬼谷子』では会話の〝反覆〟の中で、相手の抱える目的や狙い、つまり〝事〟を引き出す。象比の術はその際に使う基本的なテクニックだ。**縦横家が自分が動かしたい王の胸の内を探るために使ったものらしい。と、じいさんは言っていた。

ポイントは、およそ三つ。

（1）相手の言葉に同調して、〝事〟がうかがえるような言葉を引き出していくこと。

（2）うまく言葉が引き出せないときは、相手が話しやすくなるような言葉を〝反〟として投げかけること。

（3）相手の〝事〟がうかがえる言葉を引き出したら、それをやりとりの中で深めていくこと。[*8]

だ。ちなみに、あの日のじいさんの講義は三時間あったが、最後の一時間はたっぷり、じいさん相手にこの術の練習だった。アレは疲れた。

「ちょっと、浮田さん、相談乗ってくんない？」

「もちろん、いいですよ。なんですか？」

浮田が作業の手を止めて答えた。こちらを向いてずり落ちた丸眼鏡を指で押し上げる。

自分の担当作のゲラに赤字を入れていたようだ。

「あのさあ、オレが編集長から振られた企画あるじゃん？」

「ああ、あの、三分で恋人ができる、とかなんとかいう」

「あれ、原稿見たら三分で恋人ができる要素がゼロなんだけど、どうしよう？」

「ははは。本当ですか。ちょっとゲラ見せてくださいよ」

七三丸眼鏡男は、手に取ったゲラに目を落とし、パラパラと読んでいる。なんか「昭和初期」の四文字が似合いそうなセピア色の光景だ。

オレはそんな浮田に、まずきっかけとなる〝反〟をぶつけて、探ってみた。浮田は、帝国の本作りをどう思ってるのか。

「やっぱ、まだベンチマークを意識した本作りって言うの？　慣れないわ」

「ははは。そうですか」

「やっぱ、そうだよ」

同調する。

「やってれば、慣れますよ」

「慣れるかな」

また同調。

「まあ、慣れる必要があるのかわかりませんけどね」

ん、「慣れる必要があるのかわからない」？　これ、〝事〟をうかがえる言葉ってやつじゃねえか？　オレはさらに相手の〝事〟に焦点を当てるために、自虐的な言葉を〝反〟として投げかけてみた。

「やっぱ、オレも給料もらってる身だから、会社の方針ってのは大事にしたいんだよね。ただ、どうしても、読者に他の本にはない新しい価値観を投げかけたい、みたいな古くさい考えが抜けないいんだよなあ。まあ、そんな社員ばっかりだったから、前の会社の業績もあのザマだったんだろうけど」

ゲラをぺらぺらとめくり終わった浮田は、それを聞いてこう〝覆〟を返してきた。

「まあ、それが本来の出版ってもんですよね。それだけじゃ、やっていけない時代になったのも本当なんだろうけど」

なるほど。「それが本来の出版」。これは有望だ。さらに同調する。

「たしかに、やってけないよなあ」

「まあ、一度はそういう本も作ってみたいですけどね。出版の調子がよかった時代がうらやましいですよ」

つまり、浮田には「本当は共和式に本を作ってみたい」ぐらいの〝事〟はあるってことか。なら、ある程度の状況さえ整えれば、オレが共和系の企画を通そうとしても積極的に邪魔はしてこないだろう。むしろ、協力も望めるかもしれない。それに、同じ価値観というのは話のできる関係性、つまり〝内ケン〟となる。少なくとも、コイツは話が通じると考えていいだろう。

「で、張本さん」

「チョウギでいいよ」

「あ、じゃあ、チョウギさん。これ、考えたんですけど、内容を細かく分けて一つの項目を三分で読めるようにしたらどうですか？　それなら、『三分で恋人ができる！』ってタイトルでもセーフでしょう？」

おー、その手があったか。

「さすが、場数が違うね！　今度飲みにでも行こうよ。我が社の未来について語り合おうぜ」

オレは机に向かうと、さっそく本の構成を直すことにした。これはめんどくせえなあ。われながらマジメだ。

§

オレがゲラを再構成する作業を一段落のところまで終えて会社を出ると、外は完全無欠に夜だった。スマホの時計を見ると、十時。やべえ、また飯を食ってねえ。あと、肩と腰がバリバリだ。どうっすっかなあ。

そう言えば、明日は土曜日じゃないか。〈クロスロード〉で飲むか。いいや。今日は疲れた。早く帰ろう。

オレは、いつも通り銀保町駅で電車に乗ると元八幡駅で降り、近所のコンビニで弁当と缶酎ハイを買って家に帰った。

§

しまった！

目覚ましに気がつかなかった！

オレは、まだ眠っている上半身を跳ね起こすと、時計を見た。八時。よかった。それほどの寝坊じゃない。

って、いやいやいや。そもそも土曜日だよ。休みだ、今日。あ、でも例の忌まわしき『三分で恋人ができる！　熱血恋愛力教室』のゲラを再構成する作業があるのか。やんねえと間に合わねえよな。一応、昼にでも会社行って、それやるか。

それから、オレは二時間ほど二度寝すると、家を出た。まず銀保町まで行っちゃって、朝昼を兼ねて〈トロールパーク〉のチーズピラフを食うこととする。今日の腹具合なら大盛りだな。

§

オレが〈トロールパーク〉で腹ごしらえをすませ、編集部に入ると、編集長の剣振が仕事をしていた。

オレはオレで、早速ゲラに赤字を入れはじめる。いやあ、めんどくせえ。終わるのか、これ。

「張本、ちょうどいいところに来た」

二、三行読んだところで、剣振が声をかけてきた。

「はい、なんですか」

「ちょっと来て」

なんかイヤな予感がするぞ、こりゃ。

剣振の席まで行くと、机の上にあるゲラの束をとんとんと叩いた。

うわ。

「ちょっと仕事を頼みたいんだけどさ」

来た。マジかよ。なに頼んでんだよ。頼むんじゃねーよ。休日出勤中に、新しい仕事を部下に頼むなんて、ビジネスマン道に背《そむ》くんじゃないか。

「ちょっと、まだ『三分で』のヤツが……」

「これ、米田君に任せてたんだけど、彼の興味の方向と合わないみたいでさあ。ほら、彼、まだ仕事に慣れてないから、まずは本を作る楽しみを知って欲しいというか。で、張本はこういう本まとめるの、得意だろ？　前の会社で哲学かなんかの本作ってたじゃん。頼むよ、この『三秒で前向きになれる！　ポジティブ名言大百科』」

要は、米田廉が途中で放り出した仕事がオレに振られてきたってことか。しぶしぶゲラを手にとって見てみる。哲学でもなんでもねえ。あとイラストがふんだんに入るはずが、そこが全部シロになっている。まさか、これ、やらせるのか。

「このイラストのところって……」

「これから発注する」

「イラストレーターは誰で？」

「それも決めて」

「この本、いつまでに」

「来月発刊だ」

　まてまてまて。冗談じゃねえ。

「いや、今『三分で恋人ができる』本の作業が佳境に入っててですね……」

「そんな何冊か重なったぐらいで弱音吐いて、それでもプロかよ！」

　コイツ、キレた！　マジかよ。オレは一瞬、手頃なボールペン見つくろって、剣振の脳天に突き立ててやろうかと思った。しかし、**自らの心を陰に隠し、その陰から相手をうかがうのが『鬼谷子』の術。**怒りを表に出しちゃダメだ。オレは静かに深呼吸をした。

　ここはむしろ〝象比の術〟で剣振の〝事〟を見極めるべきだろう。端の話から見えてきた剣振の〝事〟、「会社には逆らわない」が事実かどうか、事実ならその詳細を確かめておきたい。

「すみません。考えてみれば、確かにその通りです」

　オレはまずは象比の術の基本である同調を始めた。

「ああ」

　剣振はまだキレた余韻が残った口調で答えた。さらに同調する。

「緊急事態ですもんね」

「ホントに緊急事態だよ！　オレもいっぱいいっぱいだよ……」

剣振は心底疲れた様子だ。よく見れば、目にも濃いクマがある。昔、近鉄の選手とか、デーゲームのときこういう風に目の下黒く塗ってたけど、アレ、なんだったんだ。あとでググってみるか。

ってダメだ。今は象比の術に集中だ。さらに同調。

「その名言の本はオレに任せてください。それにしても編集長、最近、忙しすぎませんか？」

「ホントだよ……」

ここらで徐々に具体的な〝反〟をぶつけてみるか。〝事〟を表す言葉は出てくるかな。

「やっぱり、結構、共和のときと違いますか？」

「違うよ。発刊点数もだいぶ多いしさあ、本のテイストも全然違うしさあ……」

いやいやいや。本のテイストはオマエが決めるんだろ。誰に気を使ってるんだよ。そう、誰に気を使ってるんだ？　オレはとっさに多少冗談めかしながら、目星をつけて一気にエサをまくことにした。

「もしかして、米田社長の圧がすごいとか？」

「張本、今、誰もいないから言うけど」

剣振の声が小さくなった。

「そうなんだよ。企画会議だって、役員会議の方出てみろよ。社長は自分の気に入った企画以外は絶対に通さないし、それにもの言える人間なんていないんだぜ」

つまり、コイツは社長の意向を汲んで企画を通さないわけか。

「あのジェイソン部長だって、社長になにか言われたら下を向いちまうんだ。それに、最近、とくにイライラしてるし。まあ、安川部長だけは、結構、反対意見とか出すけどな。だから、疎まれてるだろ?」

あれ。愛媛の話じゃ、ミッツ安川部長は役員間近じゃなかったっけか。まあ、後回しだ。とにかくハッキリした。剣振は「会社に逆らわない」というか「社長に逆らわない」って〝事〟を持っているのだ。象比の術、成功。

そう考えると、米田の息子である廉に、異常に気を使っている事実もしっくりくる。それが結婚によるものかは、オレの謀には関係ない。余計なことは詮索しない方がいいだろう。

「おまえ、この話、誰にも言うなよ」

剣振は言わずもがなのことに念を押してきた。よっぽどびびってるのだろう。

「もちろん、言わないですよ。言ったって、僕から漏れたのが丸わかりでしょうしね」

オレが笑いながら言うと、剣振も曖昧に笑い返してきた。もちろん、『**鬼谷子**』**的に考えれば、剣振はもうオレには勝てない。陽に立ってしまったからだ。オレは剣振の〝事〟を知ってるが、剣振はオレの〝事〟を知らない。勝負ありだ。**

8 帝国パブリッシャーズの事情
——酒の席で聞いた話

阿呆みたいな仕事が増えた事実は変わらない。月曜、出勤して気がついた。

いずれにせよ、あのとき象比の術を使いながら、振られた仕事を断るなんて神業は、初心者のオレにはムリだったろう。しょうがない。しょうがないが、マズイ。

『三分で恋人ができる！　熱血恋愛力教室』に加えて、『三秒で前向きになれる！　ポジティブ名言大百科』まで抱えてしまった。足して、三分三秒だ。しょうもない。

とにかく、『三秒』の方で解決すべきは、来月発刊なのに、大量に入るイラストがまったく未発注という鬼のような事態だ。今日中には、イラストレーターを決定し、なおかつどんなイラストを入れるのかを固めなければいけない。いったい、あの社長のバカ息子はなにをやってたんだ。

とは言っても、まあ、実はオレにはまだ奥の手があった。何回か仕事をしたことがある、描くのが超早いイラストレーターを知っていたのだ。その人のスケジュールさえ空いていれば。

オレは急いで電話をかけた。

「はい、〈フィッシュボーン・ハンバーグ〉です」

「すみません。共和帝国出版の張本ですが」

「ああ、チョウギさん。香川です。元気してました？」

「元気は元気なんですが、すみません。一つお願いが」

「なんですか、また急ぎの仕事ですか？」

香川はからかうような口調で答えた。香川は〈フィッシュボーン・ハンバーグ〉というアート工房の代表兼イラストレーターだ。時折、フランスで個展が開かれるほどの人なのだが、なぜか急ぎのイラストの発注にも応えてくれる。

幸運にも、香川はちょうど別の仕事が終わったのだと言い、イラストの仕事を引き受けてくれた。助かった。オレはすぐに香川との打ち合わせのために、〈フィッシュボーン・ハンバーグ〉のある原宿に向かった。

香川との打ち合わせは順調で、どんなイラストかというオレの指定さえ早ければ、普通に間に合うだろうとの答えだった。あいかわらず頼もしい。

§

昼過ぎに会社に帰ると、オレは早速、どこにどんなイラストを入れるのか考えはじめた。
また、茂比と端センパイが、会議室では食い物禁止なのにポテトチップスを食った食わないとかという話でモメはじめたのが耳の端っこに聞こえてきたが、今はそれどころじゃない。

§

すべてのイラスト指定を香川に送ることができたのは、夜も十一時を回った頃だった。多少やっつけ気味のものもあるが仕方あるまい。一日で終わらせてやったぜ。なんとかメドがつきそうだ。
オレは七、八杯目ぐらいのコーヒーの残りを一気に飲み干すと、

「終わり！　今日は終わりだ！」

とヤケクソ気味に叫んだ。

「僕もちょうど終わりましたよ。チョウギさん、どっかで飲んでいきませんか？」

今日は浮田も隣で残業していた。

「いいけど、終電大丈夫かよ？」

「僕んち、ここから歩けるくらい近いんで大丈夫です。チョウギさんは？」

「オレも一時間ぐらいならいいよ」

「僕ここら辺であんまり飲まないんですけど、いい店知ってます？」

〈鯨飲〉もいいが、満席かもしれない。オレは多少の思案の末に〈クロスロード〉に案内することにした。銀保町の知ってる飲み屋は〈鯨飲〉の他にここしかない。つまりは、「多少の思案」も限りなく「少」寄りのものだったわけだ。

オレと浮田が会社を出て、いくぶんかの歩行の末に〈クロスロード〉に入ると、誰もいない店内、カウンターの中でぽつねんとマスターがグラスを磨いていた。オレはマスターに毎度の挨拶をした。

「いよいよやべえな、この店」

「毎回、うるせえな。ウチは太い客がついてるから安泰なんだよ」

「うそつけ」

「オマエはいつものやっすいウイスキーでいいな。お連れさんは？」

「じゃあ、電気ブランで」

しぶい。ただ、七三分け&丸眼鏡男にはぴったりのチョイスだった。

その後の浮田の飲みっぷりは鬼気迫るものがあった。「一時間しかないですから」を連呼しながら、アルコール度数にして四十度ほどある電気ブランをストレートで次々に胃に流し込みはじめた。

あっという間に浮田の目が据わりはじめる。相当たまってんな、コイツ。一方で、オレは意図的に酒をセーブした。しっかり素面の状態で話を聞きたかったからだ。帝国側の実情、情勢を知り〝量権〟するには、今のところ浮田に聞くしかない。

無邪気に酔っぱらっている浮田を前にそんなことを考えているのも悪い気がしたが、オレの「共和式の企画を通し、社風を変えたい」という〝事〟を実現することは、浮田のため、というより会社自体のためになるはずなのだ。少なくとも、オレはそう信じていた。いや、脳内ながら熱くなりすぎたな。少しは安ウイスキーのアルコール成分が脳に影響を与えてるんだろう。

「チョウギさん、僕だってねえ、会社を変えたいとは思ってるんですよ！」

「そうだな。たしかに、そういう雰囲気は普段から出てたよ」

オレが同調すると、浮田はうれしそうな口調になった。

「ホ、ホントですか？」

ここで一つ〝反〟をぶつけてみる。

「でも、やり方を変える必要なんてあんの？　本は売れてるんだろ？」

「先は見えてるじゃないですか！」

浮田が叫んだ。ビックリした。マスターもグラスを落としそうになってた。

「ウチのパクリ本が調子よかったのって、実は何年か前までなんですよ！　今でも売れてる本は売れてて、それが目立つから気がつきませんが、う、売れてない本の数が徐々に増えてるんです」

そうだったのか。浮田はグラスに残った電気ブランを口に放り込むと話を続けた。

「だ、だから、共和書房と合併するって聞いたときに、僕はいい話だと思ったんですよー。本作りのやり方を変えるのかと思ったんです。でも、いざ始まったら、共和でやってたような企画は通らないんだ!!　だーっ！」

浮田は拳を突き上げた。だいぶキテるな。丸眼鏡も鼻からズレ落ちてきている。七三分けもだいぶほつれてきた。

「たしかに通らないよな。それってなんでなんだろう?」

同調からの〝反〟。もちろん、企画が通らないのは、会議の席で営業部長のジェイソンと茂比寛子が二人してイチャモンをつけるせいなのはわかってるが、そこは陰を重んじる『鬼谷子』の術だ。自分からはできるだけ材料を出さないようにした。

「もちろん、あのクソ営業部長と茂比さんのせいですよ!」

「たしかになあ。あれってなんでなんだろう? 息ぴったりだよね」

「まーったくニブいなあ、チョウギは! 事前に口裏を合わせてるんで・す・よ!」

浮田はおかわりした電気ブランを一息に飲み干した。おいおい。

「わかったから、もう飲むなよ」

浮田は頭をかきむしった。七三分けは完全に崩壊した。

「うー! 茂比さんはー、部内会議の前にー、営業部長に企画を持っていってるんです! で、二人して企画通してさー、共和の人の出した企画には二人で反対するっていう! きったねえの!」

なるほど、そこまで念入りに。ただそこまでして、二人になんの得があるんだろう。信念なのか、意地なのか、反感なのか、誰かの指示なのか、別のなにかか。

「なるほど。茂比さんも熱心だなあ」

しまった。皮肉めいた言い方になった。オレも修行が足りない。って、当たり前だよ。習いはじめたばっかりなんだから。浮田はオレの皮肉のニュアンスに気がついたのか、気がつかないのか、さらに炎上しはじめた。

「そのとーり！　まーったく熱心ですよ！！！」

浮田はドンとカウンターを叩いた。丸眼鏡は鼻から完全にずり落ち、上唇に引っかかっている状態となった。かまわず浮田はまくし立てる。帰れるのか、コイツ。腕時計を見る。あと十分くらいが限界か。

「あいつらは、あいつらは！」

「まあまあ。それにしても、あの二人はなんでそこまでして共和の企画を落とすのにやっきになるのかな」

「そりゃ、空気を読んでるんですよー！」

「空気？」

「米田社長は、自分が表に出ないでも、空気で人を動かすのが得意で、それとハッキリ言わずに人を動かせるんです！」

「どういうこと？」

「ジェイソン部長も、へ、編集部の部内会議、出席するよう言われてるじゃないですか？

それだけで、帝国の人間はわかるんですっ！　これって、共和に好き勝手やらせないように見張っとけってことだなって」

「すげえ話だな」

「そ、それが、社長って人なんですっ！」

つまり、米田社長も陰から人を動かす人間だってことなのか。「敵もさるもの」ってヤツか。

ともかく、もう時間も浮田も限界か。

「そろそろ時間だし、帰るか」

オレが言うと、浮田は首を激しく横に振り、

「いやです！　デス！　あ、デス・スター！　デカイ！」

と言って、頭上に両腕で大きな丸を作った。

「なんだそれ？」

「デス・スター」

浮田がそう言うと同時に、上唇で粘っていた丸眼鏡が床に墜落した。オレはそれを拾って浮田に渡した。

「帰ろう」

端といい、浮田といい、酒ぐせがアレな人間ばかりだ。

オレは、マスターに向かって「お会計お願いします」のサインを出した。終電間近。駅までランニングだ。

第3章

命取り！ 動かすべき相手を間違うな

他人の本音を強力に引き出す
〝飛カンの術〟、他人の心を
反応で動かす〝揣摩《しま》の術〟。
チョウギは様々な教えを
駆使しながら、
着々と人と会社を動かすための
準備を進める。

9 こちらの言葉に相手の心を反応させるには？

その日、会社を出ると、オレはホリフネ会館のじいさんの元を訪ねた。

「で、おぬしの周辺の陰はだいぶ陽に引き出されたかの？」

前回と同じ部屋。じいさんは、自分とオレの湯飲みにウーロン茶を注ぎながら、言った。

「はあ、大分。完璧と言えるかどうかはわかりませんが」

「はなから情勢への〝量権〟、内面への〝揣情〟に完璧などない。大切なのは、**どれだけ陽を目の当たりにしても、つねにその裏の陰を自覚すること。**どれだけ知ろうとも、必ずその裏には知らぬことがあるのを覚悟することじゃ」

オレは、じいさんにこれまでわかったことを一通り話した。すなわち、

（1）剣振編集長は最近結婚して子供もでき、生活のために「社長には逆らわない」という〝事〟を抱えていること。

（2）剣振編集長は社長の米田喬に気を使っていること。

（3）浮田良太は帝国側だが「共和式に本を作ってみたい」という〝事〟を抱えているこ

と。

（4）茂比寛子は営業部長のジェイソンと口裏を合わせて、企画会議に臨んでいること。

（5）茂比とジェイソンは、社長の出す空気に操られているんじゃないかということ。

（6）ミッツ安川は社長の出た大学のサークルの後輩で、社長にものが言える、ということ。

など。

それを聞いたじいさんは、前回からホワイトボードに書きっぱなしになっていた会社の組織図を眺めながら黙っていた。その目は透き通った知恵を感じさせるものだった。格好こそ、腹巻きステテコ便所サンダルだが。

「なるほどのう。社長に空気で操られているか」

じいさんは、湯飲みのウーロン茶をずびびとやり、こんと置いた。じいさんが軽く笑ったように見えた。

部屋に例の青い猫が入ってきて、じいさんの膝に乗った。前にはなかった赤い首輪と金の鈴がつけられている。ますます未来的な見た目になった。

「首輪をつけたんですか？」

「なんか似合うと思ってな」

次に進もう。

「茂比寛子と直接話したか？」

「いや、話すきっかけもなくて」

「そうか。まあ不自然に話しかけるのも、こちらの〝事〟を悟られ、陽に転じるきっかけになりかねんからな。話せそうなら話す。あるいは、話す流れが作れそうなら作る。それでよい。じゃあ、この副社長の大山は、なんか言っておったか」

「会う機会もなくて、まだ話せていません」

「ふむ。まあ、よかろう。部内会議で企画を通すにこの男は関係なかろうて。では、この米田廉は？」

「まだです」

「それはいかんな。剣振編集長を動かすには、この男がカギじゃ」

あの社長のバカ息子がカギ？　どういうことだ？

「米田廉がカギですか？」

「人を動かすに、利用すべきものは二つある。一つは、おぬしも知っての通り、相手の〝事〟。相手の持つ狙いや目的じゃな。これは最も重要なものじゃ。『鬼谷子』では、相手の〝事〟に逆らわず、むしろそれを利用して動かすことを尊ぶ。そうすることで、相手ですら動かされたことに気づかないという無上の境地に至り得るからじゃ。じゃから、動かす相手の〝事〟は絶対に〝陽〟に転じさせ、把握しておかなければならん」

「そうですね」

「で、**もう一つ人を動かすのに利用すべきものが相手の心の反応パターンじゃ**」

「心の反応パターンですか」

「要は、相手の好き嫌い、つまり、なにを好みなにを憎むか、なにを愛しなにを恐れるのかをよく観察し、そこに適切な言葉を投げかける、あるいは適切な現実を突きつけることで、心を反応させ相手を動かすのじゃ。もちろん、その反応パターンは、人によってそれぞれ」

「はい」

突然、じいさんがずばっとオレの頭上を指さす。

「ゴキブリじゃ!!　天井っ！！！」

うおっ！

オレは椅子から飛び上がって、部屋の壁に張り付き天井を見上げていた。

「こう聞いて、大抵の人間はおぬしのように逃げようとするが、これがゴキブリ好きのゴキブリマニアだったらどうじゃ。世の中には変わった趣味の人間もおるからのう。『え、どこどこ?』と喜んで、脚立でも持ってきて天井の観察を始めるかもしれん。つまりじゃ、『ゴキブリだ』の一言も、**相手の反応パターンによって、逃がす方向と近づける方向、正反対に作用する。だからこそ、事前の観察および熟知、つまり〝揣情〟が重要となるわけじゃ**[＊1]」

びびった。なにしてんだよ、このじいさんは。

青い猫はじいさんの急激な動きと大声にもかかわらず、じいさんの膝で丸まったままだ。

オレは、体内でいまだド、ド、ドと響く心臓とともにパイプ椅子に座り直した。

「**相手の〝事〟に沿った大筋の中で、心の反応パターンに従って、好むもの、嫌うものをちらつかせ、相手が自然と動くように導く。これぞ『鬼谷子』の人を動かす術、すなわち〝揣摩《しま》の術〟。**『ゴキブリ』の一言で、おぬしを壁にはりつけにすることもできるわけじゃ[＊2]」

そう言うと、じいさんは「かっかっかっ」と高笑いを始めた。

いやいやいや。まだ心臓が。生きてる。オレ。

「まあ〝揣摩の術〟の具体的な方法については、おいおい教えるわい。……で、なんの話じゃったっけ」

「米田廉が編集長を動かすカギって話です」

「そうじゃった、そうじゃった。おぬしの話を聞くに、剣振の心の反応パターンが現れておる注目すべき話がある」

「なんでしょう？」

「それは米田廉に強く出られん、ということじゃ」

「社長の息子だからですね」

「要は、米田廉を恐れとるわけじゃ。ならば、こやつを利用して剣振にぶつけてしまえ」

「どういうふうにですか？」

「それは、話を聞いてから決めればよい。とにかく米田廉とよく話をして、この男がどんな〝事〟を持っているのか、どんな事情を抱えているのか、陰から陽に引き出すのじゃ。こやつの仕事を引き継いでおるんじゃから、話すきっかけだっていくらでもあろう」

「でも、米田廉と話して〝事〟なり、彼の事情なりを引き出すのって多分、今までで一番難しいと思います。周囲に心を閉ざしまくってるので」

じいさんはそれを聞くと、湯飲みのウーロン茶をずびびとやり、こんと置いた。

「なるほど。ならば、飛カンの術じゃな」

「飛カンの術？」

「それには言葉の〝陰陽〟について知らねばならん」

10 会話の本質を理解するための陰陽思考法

オレは、イラストレーターの香川から送られてくる『三秒で前向きになれる！　ポジティブ名言大百科』用のイラストをチェックしていた。だいぶ、そろってきた。この分ならギリギリ間に合うだろう。

オレは一旦赤ペンを放り出し、両目をもんだ。ああ、もう。そもそも、社長のバカ息子のケツをなんでオレが拭かなきゃならんのだ。

周りを見ると、それぞれの人間がそれぞれの仕事について勤勉にいそしんでいる。こうした中にも、それぞれの〝陰陽〟があるわけだ。

万物は〝陰陽〟で動く。そう、じいさんは言っていた。中でも『鬼谷子』の術を使う者にとって大切なのが、会話と言葉にまつわる〝陰陽〟だ。

例えば、現在、隣の席の端センパイとオレの間には一切の会話はない。これはお互いに〝陰〟だということだ。沈黙。これは〝陰〟なのだ。

端は端で『できるビジネスマンは雑談が九割』という、なんの本の後追いだか忘れたが、とにかく正気とは思えない企画のゲラと格闘していた。雑談を九割してたらクビになるだろ、普通に。

「おまえ、オレ見て笑っただろう」

突然、端センパイがオレの方を向いて、やべえヤツのようなことを言いはじめた。目が血走っている。あんま寝てないんだろう。ともかく、これで端は〝陽〟になった。口を開いたからだ。

〝開〟は〝陽〟、〝閉〟は〝陰〟[*3]。

これは口という「存在と滅びの門」を操る『鬼谷子』の術の究極の法則なのじゃ、とじいさんは言っていた。万事をこの法則に当てはめ、出来事と世界を考える。これが『鬼谷子』の原則なのだ。

一方で、端センパイは口を開き続ける。

「あざ笑うぐらいなら、手伝え！　それがサムライってもんだ」

これに対して、オレが「なにがサムライだ！　都合のいいときだけ武士道を持ち出しやがって、黙って作業しろ！」と否定すれば、黙らせるための〝陰〟の言葉を投げかけたことになるし、一方、「これは失敬。それにしても、大変そうですね」と殊勝な態度で同調すれば、会話が盛り上がる〝陽〟の言葉を投げかけたことになるわけだ。

要は、**会話において、否定やネガティブな発言は、相手を黙らせようとする、口を閉じさせようとするという意味で〝陰〟、同調やポジティブな発言は、相手の発言を盛んにさせる、口を開かせようとする意味で〝陽〟なのだ。**[*4]

「堂々と目を合わせたまんま、無視すんな！」

オレは、いつもの悪癖で誰かに向かって説明するかのような考えにふけっていたために、返事するのを忘れたが、ついでに言えば、沈黙はそれ自体が〝陰〟であり、言葉を封じるベクトルを持つ。当たり前だ。話す相手に無視されて、会話が盛り上がるわきゃない。

って、返事しないと。

「あ、大変そうですね、その本」

オレは同調の〝陽〟を選んだわけだ。

「オレのこの仕事は九割雑談してれば終わるのか、チョウギよ」

端センパイは悲しそうに言った。オレは笑った。

「笑ってんじゃねーよ！」

§

そうだ。たてかえてた経費、もらってこなきゃ。

たいした額ではないが、オレにはイタイ。ウチの会社の給料は安いのだ。これは合併前から変わらないことのうちの一つだ。ここは変わってもよかった。同年代で一部上場企業に勤めてるヤツが、オレの給与明細を見たら失神するかもしれない。勝手に失神しとけ、バカヤロウ！　人の給与明細勝手に見やがって！

と、脳内で勝手に逆ギレしつつ、それなら経費の精算をこまめにやるべきなのだが、それもめんどい。矛盾。人間の心は矛盾のせめぎ合いでできているのだ。これも心の〝陰陽〟ってヤツかもしれない。

オレは『三分で恋人ができる！　熱血恋愛力教室』のカバーデザインのチェックをすませると、総務部の愛媛のもとに向かうために席を立った。

ちょうど、どこか出先から戻ってきたらしい茂比寛子と鉢合わせした。

「すみません」

「気をつけてよね」

静かに言った茂比の目が。こえーよ。オレはスタコラとその場を去ったが、なんでそんなに敵視されなきゃいけないのか、いささか違和感も覚えていた。

§

「おお、カネをとりに来たか」

愛媛が席でふんぞり返っている。なんちゅう言い方だ。

「はい。たてかえてた経費をいただきに」

しかし、今日び、たてかえた経費を手渡しでもらう会社も珍しいと思うが、なぜか、ウチのような中小の出版社にはいまだに多い（らしい）。そう言えば、合併をきっかけに振り込みになるって話もあったが、アレってどうなったんだ。

「今度からは、精算は早めに済ませるように。さもないと、どうなっても知らんぞ」

愛媛が経費の入った袋をオレに渡した。どうなるって言うんだ。

オレがそのままそそくさと去ろうとすると、

「ちょっと」

愛媛が呼び止める。振り返ると、手招きをしている。やっぱりか。

「ちょっと、来なさい」

「なんだよ、もう。毎回、毎回よお。忙しいんだぞ、オレも」

「すごい面白い話、聞いたんだけどさあ」

「よくもまあ、そんなにたくさん面白い話を聞くな、おまえは」

「営業の灰田さんっているでしょ」

「ああ」

「編集部の茂比さんに告白してふられたらしいわよ」

「マジかよ！　茂比さんって、あの茂比さん？」

「ひと月かふた月前くらいの話らしいけど」

こりゃ、驚いた。

灰田清人《はいだきよひと》は、共和書房で一緒だった営業部員。年は四十代後半くらいか。あ、前に愛媛が灰田は独身だって話をしてたな。あんまり話したことはないが、なんか地味な人だった記憶がある。ジェイソン部長の下で、帝国式の厳しいノルマに疲れ果ててるとかいう話は風のうわさに聞いてたが。

「灰田さんも思い切ったことするわよね。相手、既婚者なのに」

「へえ。茂比さんって結婚してたんだ。知らなかった」

「まあ、灰田さんじゃ不倫相手にもならないわよね。ハゲてるし」

まったく、ひどいことを言う。が、正しい。

たしかに、同じ「好きだ」の一言も、灰田清人が言うのとブラット・ピット（あるいは、レオナルド・ディカプリオと言ってもいい。別にスティーヴン・セガールでも）が言うのとでは結果が変わってくる。なぜか。同じ言葉でも、かたやハゲた普通の会社員、かたやハリウッド・スターという背後にある「現実」が違うからだ。

『鬼谷子』では、**言葉の持つ〝陽〟の威力には、黙っていても存在する要素、つまり「現実」の〝陰〟の力が大いに関係すると考える。**黙っていても、灰田は会社員だし、茂比は既婚者だがその「現実」は、〝陰〟として言葉の行く末に影響を与える。

話の結果を左右するような、財力、武力、利益、損害、決定事項、立場や人柄、お互いの関係性（内ケン）などなど。こうしたものはすべて、『鬼谷子』の言う〝陰〟の力であり、言葉（陽）で人を動かすために参照し、利用すべきものだ。

つまるところ、**『鬼谷子』の術とは、現実（陰）を観察し、それを利用して言葉（陽）で人を動かし、人を動かすことで変化させた現実（陰）をさらに利用し、また言葉（陽）で人を動かす。〝陰陽〟を循環させていく術なのだ。**[*5]

と、まあ、あいかわらず脳内で誰かに説明するような思考にふけるというオレなわけだが、ただ今回はちょっと違う。実はこうして脳内説明現象に精神の一部をゆだねながらも、オレは愛媛が一人納得しているスキをついて、ドア付近までひそかに歩みを進めていた。

あとは、ここを開ければ脱出。

「そうだ、チョウギ」

見つかった。

「なんだい、オレは帰るぞ。仕事があるんだ」

「前に、会社で堀船に行ってる人がいたって話」

「ああ。あったな、そんな話」

「社長だ、それ」

「え？　シャチョウってどっちの？」

「米田社長。総務で堀船に住んでるコがいるんだけど、駅前で社長を見かけたんだって。なにしてたんだろうね。あんなところで」

§

自分の席に戻ったオレは、米田社長がじいさんのいる堀船にいたという話について、様々な想像をめぐらさざるを得ない状態になっていた。堀船は東京の外れにある割と地味な街だ。なにか用事があったのか。浮田の話によれば、空気を操って〝陰〟から人を動かすという米田社長が堀船にいた意味は。

まあ、なにを考えようが、所詮は想像だ。『鬼谷子』の術の使い手ならば、そこを自覚しなくてはいけないだろう。想像という不確定な〝疑〟に基づいて行動すべきではない。時が来れば、この大きな〝陰〟も誰かとの会話の中で、〝陽〟に転じるはずだ。それこそ、今日のひそかな課題である米田廉との会話の中で、なにかつかめるかもしれない。

11 否定と同調で強力に内心を引き出す〝飛カンの術〟

米田社長の息子、米田廉はいつもふてくされたような顔をしている。

自分の席にいるときもふてくされているし、人と話すときも相手が誰であろうがふてくされている。会社に出てくるときも帰るときも、つねにふてくされている。「ふてくされ」の一貫性において非常に優秀だと言える。

また、米田廉は身体がデカイ。目測で身長百九十センチ、体重百二十キロといったところか。オレの目測がどのくらい当てになるのかわからないが。大学時代に相撲をやっていて、そこそこ強かったらしい。

そして言うまでもなく「社長の息子」。

この「ふてくされ」、「デカイ身体」、「血統」という三要素の複雑な絡み合いが周囲を圧した結果、まだ新卒一年目の米田廉が、編集部内において、触れるに細心の注意を払うべき腫れ物のような存在になっているわけだ。

編集部で、一人外れた壁際に米田廉は座っている。これも米田廉が「自分、ここでいいっす」と言って勝手に移動した場所だ。

後ろから近づくと、デカイ背中。なにかを一心に読んでいるようだ。仕事をしてるのか。

「米田君」

オレが呼ぶと、デカイ頭が持ち上げられ、ひねられ、こちらに向けられた。

「張本さん、なんか用すか？」

机の上を見ると、米田廉が読んでいたのは漫画雑誌だった。こいつ、若いのにちゃんと電子書籍じゃなくて、紙で読んでいやがる。と、オレは感心しつつ、まあ今はそこじゃないなと思いつつ、

「あのさあ、ちょっとだけ、『ポジティブ名言大百科』の作業手伝って欲しいんだけど」

「自分、忙しいんすよねえ」

たしかにマンガ読むのに忙しいのはわかるが。

「頼むよ。元は君の担当だったから、ちょっと手伝って欲しいことがあるんだよ」

「えー……。まあ、いいっすけど」

あいかわらず、ふてくされてんなあ。ふてくされ名人だな。「ふんわり名人」ってお菓子もあるけど。アレ、うまいよな。

オレは米田廉を連れて小会議室に移動した。共同で作業をする際に、ここがよく使われる。

§

小会議室。

オレの横では、米田廉が、負け越した相撲取りのような、ふてくされフェイスでゲラを読んでいる。

オレは米田廉に『三秒で前向きになれる！　ポジティブ名言大百科』のゲラ中の誤字脱字をチェックするという作業を申しつけていた。

オレはと言えば、米田廉が誤字脱字をチェックしたものに、さらに込み入った赤字を入れている。こういう急ぎの仕事では、作業を分担して一気に片付けるのが大事なのだ。

「これ、いつまでやりゃ、いいんすか？」

米田廉が心底の底から、だるそうな調子で言った。

「もう疲れたのかよ？」

「別に」

てめえは不機嫌な女優か。

米田廉はゲラを読むのを放棄し、コーヒーを飲みはじめた。休憩を取るつもりらしい。

コーヒーだって、オレが給湯室から運んできたもんだ。手にあるカップが小さく見える。

まるで……、まるで小さいカップのようだった。まあ適切な喩《たと》えは思いつかなかったが、
オレはゲラを見てきて、米田廉の仕事ぶりにむかついていた。

コイツ、全然チェックしてねえ！

多少の見落としならわかる。オレも自慢じゃないが、よくある。だが、全部スルーはね
えだろ。どうもペンが動いてねえと思ったんだよ。

オレはキレそうな状態だったが、静かに深呼吸をして気持ちを落ち着けようとした。怒
るのはダメだ。怒ってみせるのはいいが。過剰な感情の変化は相手に内心を読まれて、ス
キを与えるきっかけになる。

§

そろそろ、昨日習った〝飛カンの術〟を使ってみるか。米田廉はなんでこんなふてくされ倒してるのか、その謎を解いてやろう。

〝飛カンの術〟とは、相手から言葉を引き出す『鬼谷子』の会話術の中でも強力なもので、〝陽〟と〝陰〟を併用して、相手を揺さぶって、〝事〟や情報を引き出すところに特徴がある。通常の〝反覆〟のように同調の〝陽〟、一辺倒じゃないってことだ。[*6] ちなみに〝飛カン〟の「カン」は「箝」と書く。

今回は、同調の〝陽〟と否定の〝陰〟による押し引きで、相手から言葉を引き出す一番基本的な方法を試してみる。適度な否定は、同調の持つ、言葉を引き出す効果を増すことができるのだ。

とにかくスタート。同調と否定だ。

オレは、手に持っていたゲラを机にぽんと投げた。

「ダメだよ、マジメにやらねえと」

「はあ」

「これは仕事なんだからさ」

「はあ」

否定の〝陰〟を投げかける。気のない返事の二連発。想定内。

「まあ、マジメにやってられねえってのもわかるけどな」

今度は〝陽〟の同調。

「はあ」

少し、さっきの「はあ」とは色合いが違う気がする。やはり、単に同調するより効果があったようだ。

「ぶっちゃけ、こんな仕事、面白くねえよな？」

さらに〝陽〟の同調から、言葉を引き出すために具体的な疑問形の〝反〟をぶつけてみる。

「そんなことないですけど」

米田廉はいつのまにか、視線をテーブルに落としている。もうちょっと、なんか答えるかと思ったが。ちょっと踏み込むか。目星をつけて切り込んで、同調してみた。

「親が社長ってのも難しい立場だよな」

「親は……！」

米田廉は、突然顔を上げ、声を張った。

「親は関係ないですよ」

すぐに普通の調子に戻ったが、なにかが釣れたんじゃないか、これは。

「関係ないってことないだろ」

否定の〝陰〟。

「僕は、僕ですよ」

「その通りだよ。でも、お前はお前でふてくされてるんじゃ、しょうがないだろ」

同調の〝陽〟から否定の〝陰〟。

「別にふてくされてるわけじゃ」

「たしかに単にふてくされてるわけじゃないだろうな。君もいい大人なんだし」

同調。

この流れでいけそうだ。オレはまっすぐに疑問形の〝反〟を返した。

「理由があるんだろ？　言ってくれよ」

それを聞いた米田廉は、息をのんだが、やがて話しはじめた。

「信じてもらえないかもしれませんが」

「うん」

「この編集って仕事は、僕の本当にやりたい仕事だったんです」

え！　そうなの？

「だから、大学のときの就職活動もいろんな出版社を受けたし、学生時代も相撲やりながら別の出版社でバイトしてたんです」

マジで？

「ちなみに本当は共和書房でもバイトしたかったんですが、求人がなかったんです」

「そりゃ、ウチは苦しくて、人を雇う余裕なんかなかったんだよ」

オレは思わず笑った。このでかい図体の若者が、なんだか急に違って見えてきた。

「で、受けた出版社は結局全部落ちちゃって。ただ、それでも、親のやってる会社に入るのだけは抵抗があったんです」

「それはわかるよ。いかにもいろいろ言われそうだもんな」

あとは、通常の〝反覆〟の基本通り、同調の〝陽〟で、話したいように話をさせればいいだろう。

「親父の会社の本も、正直好きになれなかったし」

それにしても、帝国の本が好きだって人間に会ったことがないが、一体誰が読んでるんだろうか。

「でも、うちの親父の会社が共和書房と合併するって聞いて。親父も、合併を機に本の作り方自体も変えていきたい、なんて言ってたんで決心して入ったんですが。もちろん縁故採用ですけどね」

米田廉は自嘲気味に笑った。

「でも、入ってみたら違った。共和書房のテイストの企画なんて全然やらないし。結局、オレを自分の会社に入れるための親父の方便だったわけです」

つまり、米田廉にも「共和系の企画がやりたい」って〝事〟があったわけか。これは思わぬ援軍だ。

「もっといやになったのが、周りの人たちの態度です」

「周りの態度？」

「僕に気を使いすぎなんですよ。そのせいで、なんにも話ができない」

「そりゃ、気を使うよ。そこはわからなきゃ。それに、見たところ、話ってほど周りと話もしてないだろ？」

「そりゃ、今はそうです。だけど、最初のうちは、僕なりに積極的に話しかけてたんです。いろいろ教えてもらおうと思って。その中で、自分なりの考えや意見を言ってたんですけど、それが単なる『社長の息子のわがまま』ってとらえられはじめて。そのうち、勝手に

『出版の仕事に興味もないくせに、親のコネで入社してきたでくの坊』って位置づけになってたんです。そりゃ、やる気もなくなるじゃないですか」

なんか、かわいそうになってきたぞ。

「でも、仕事を放り出すのはよくないぜ。おかげで、こっちは」

「この仕事のことですか。これは、僕が放り出したんじゃないですよ。僕がイラストで悩んでたら、勝手に編集長が『イラストは僕がやろうか』って言ったんです」

「そうなの？」

「で、そのあと、ギリギリになっても音沙汰がないから、そのこと聞いたら急にあわてはじめて、今度は『他の人に任せることにした。君に迷惑はかけないから』って。で、ふたを開けたら、企画自体、張本さんの担当になってたってわけです」

あの野郎。自分がイラストの発注忘れてた尻ぬぐいをオレにやらせてたのか。オレは思わず、ため息をついた。

「驚くことばかりだな。まあ、いろいろ話せてよかったよ」

「はい。僕もこの会社に入って、はじめて会話らしい会話ができた気がします。ちょっと話しすぎかもしれないけど」

米田廉が軽く笑った。笑っている顔は、はじめて見た気がする。

「もうすぐ君のやりたいような仕事もできるようになると思うぜ。多分な」

この一言は、謀の〝陰〟を尊ぶ『鬼谷子』の術としては余計だった。だが、なんか言ってやりたくなった。まだまだ未熟だ。

12 智者は易しいことを選び、阿呆は難しいことを選ぶ

じいさんは、いつものようにウーロン茶をいれ、二つの湯飲みに注ぐと、自分の前に一つ、オレの前に一つ置いた。

「で、どうじゃった？　米田廉は」

「意外にも、『共和系の本を作ってみたい』って〝事〟を持っていました」

「わからんものじゃな。まあわからんことを〝陰〟というのだから当然じゃが」

「これからどうしましょう？」

「見たところ、この段階で知るべきことは知った。さしあたりは〝陰〟を制したと言ってよいじゃろう。いずれにせよ、前にも言った通り、一〇〇％の〝量権〟〝揣情〟などあり得ぬことじゃからな。あとは『知らぬこと』という〝陰〟があるのを念頭に動くこと。そ

う、今度はおぬしが動く番じゃ」

　じいさんは、湯飲みのウーロン茶をずびびとやり、こんと置いた。

　ここにきて気がついたが、じいさんのウーロン茶を飲む姿は、毎回まったく同じだ。同じ速度で同じ量を同じ手つきで飲み、同じ音を立てて湯飲みを置く。それがどうしたと言われれば、それまでだが。

「前回、〝揣摩の術〟というものの概略は教えたな」

　オレは前回とったメモを見た。

「『相手の〝事〟に沿った大筋の中で、心の反応パターンに従って、好むもの、嫌うものをちらつかせ、相手が自然と動くように導く』って術ですね」

「そうじゃ。これはすでにおぬしも知っておることじゃが、相手を動かす〝揣摩の術〟の大前提だからもう一度確認しておく」

「はい」

　部屋に例の未来的な見た目の青い猫が入ってきた。いつも通り、じいさんの膝の上に乗ると眠りはじめた。

「**相手を動かすには、相手がしたいことをさせねばならん。したくないことをさせれば、その不自然が必ず後の失敗を生む。**[*7]　振り返れば、ここをわからんがために命を落とした者も多かった」

そう言うと、じいさんの視線が一瞬天を仰いだ。

「だからこそ、〝量権〟と〝揣情〟の段階で、動かすべき相手、その周囲の情勢やそれぞれの持っている〝事〟をはからなければならんかったわけじゃ。そして、それが終われば、次は相手をどう動かすか。おぬしが動かしたい最重要の相手は剣振編集長じゃったな？」

「部内会議で彼にオレの企画を採用させるのが目標ですね」

「剣振の〝事〟は『社長に逆らわない』ってものじゃったな？」

「はい」

「で、それに関連して、社長の息子の米田廉を恐れておると」

「そうです。だからこそ米田廉を使って、剣振を動かせばよいという話でした」

「その米田廉は、『共和系の本を作ってみたい』という〝事〟を持っておるわけじゃ。どうやって企画を出せばよいのか、見えてくるものがあるじゃろ」

「企画を出すときに、編集長に『米田君もやりたがってる企画なんです』とか言いますか？」

「それじゃ、おぬしが〝陽〟に出てしまうじゃろ。そうする他ないのなら、それも仕方ないが、今回の場合はもっと〝陰〟から動かせるいい方法がある」

「なんですか？」

「米田廉からおぬしの企画を出させるのじゃ。**これこそ〝陰〟からなす聖人の謀**[*8]」

「え？」

「米田廉から出された企画ならば、剣振も一概にいやとは言えんじゃろう」

「おそらく」

　オレは、剣振をいかに言葉で動かすかを考えていたので、このじいさんの策には心底驚いた。

「おぬしが直接言葉で動かすべきは、剣振ではなく米田廉。『共和系の本を作ってみたい』という〝事〟もおぬしと近いし、『社長に逆らいたくない』という剣振よりはるかに動かしやすいじゃろう。『鬼谷子』いわく、**智者は易しいことを選んで取り組み、阿呆はわざわざ難しいことを選んで取り組むものじゃ**[*9]」

「じゃあ、オレは、オレの企画を代わりに出すように米田廉を言葉で動かせばいいんですね」

「さよう。あくまで企画は米田廉に主導させ、おぬしはいわば後見人のような立場でアドバイスを送る形をとる。まったく任せて、企画の中身が原形をとどめなくなったら意味がないからの」

「なるほど」

「ただし、この場合でも二つ問題がある」

「なんでしょう？」

「一つは、米田廉から企画書を出しても、剣振がその企画を父親である社長の意向に逆らうものだと判断した場合、板挟みの中で、依然として反対する確率は残る。つまり、『息子が勝手に出した企画』ではダメなわけじゃ」

「たしかに、そうですね」

「もう一つは、おぬしが、米田廉の後見人となることの正当性じゃ。それがなければ、周囲から『なんでアイツが勝手に米田廉にアドバイスを送ってるんだ』という反発が出るじゃろう。これはのちのち、おぬしの足下をすくう芽になりかねん」

オレは思わずうなってしまった。やはり、現実というのは複雑だ。簡単な正解がない。

「ただ、この二つを一挙に解決する策がある」

「え、どんな？」

「社長の米田喬から、直接言質《げんち》をとるのじゃ。『息子を頼む』と言わせてしまえ」

第4章

有利な「陣営」を見定め、安全地帯を確保せよ

誰に就くべきか。
チョウギは〝忤《ご》合《ごう》の術〟の
教えに従って適切な陣営に就き、
人間関係の持つ〝陰〟の力を
自分のものにしていく。

13 勢力図を見極め、最も有利な「陣営」に就け！

あれから米田廉の態度はずいぶんと軟化し、表情も違ってきたが、それに気がついているのは、どうやらオレだけらしい。周囲をよく観察し、言葉のやりとりから実体を悟るという『鬼谷子』の〝量権〟〝揣情〟の基本は、やはりなにも知らない人間には、難しいものがあるようだ。

オレは、引き出しから原稿の束を取り出した。

一枚目には、『パウリの見た世界（仮）』とタイトルが打ってある。オレが預かっている原稿だ。著者は、花金錬太郎《はながねれんたろう》。スイスで教鞭をとっている心理学の教授で、国内では知られていないが世界的研究者の一人だ。

内容は、カール・グスタフ・ユングという心理学者の考えた人間の心の仕組みを一般向けにわかりやすく紹介したもの。文章も、洒脱でユーモアがあり、かつわかりやすい。それでいて、人間はなぜ思った通りの人生を歩めないのか、人間はなぜ宗教に惹かれるのか、といった深いテーマにまで踏み込まれている。ちなみにパウリというのは、ユングに心酔していた物理学者の名前だ。こいつはノーベル賞もとっている。

オレが企画会議で通したいのは、この企画なのだ。

オレとしては、つい最近、ちょうど別の学派であるアドラー心理学が大ブームになったこともあって、ぜひこの原稿を世に問いたいと思っているが、今の企画会議に出しても、どうせ営業のジェイソン部長と茂比寛子から「そんな学者は知らない」、「なんか難しそう」、「もう売れてる心理学の本があるなら、それをベンチマークした方がいい」と反論され、剣振に却下されて終わりだ。

この企画は、そういう無駄死にをさせていい種類のものではない。

オレの狙いは、この企画を米田廉から出させることだ。「共和系の本を作ってみたい」という〝事〟を米田廉は持っている。では、実際この原稿に対してどんな反応を示すか、確かめたい。つまり、この原稿という〝反〟に対して、どんな〝覆〟が返ってくるか。

§

オレは米田廉の席に行って、『三秒で前向きになれる！　ポジティブ名言大百科』について、とりとめもないような確認事項を尋ね終えると、こう切り出した。

「そう言えばさ。心理学って興味ある？」

「興味はありますけど、詳しくはないですね」

「ぶっちゃけ、ヒマだろ？」

　オレがそう言うと、米田廉が笑いながら答えた。

「ぶっちゃけ、ヒマです」

　オレは手に持った原稿を米田廉の机の上に置いた。

「『パウリの見た世界』？」

「これ、花金錬太郎って人が書いたんだけど、知ってる？」

「名前は聞いたことありますね」

「読んで感想教えてくれない？　オレちょっと今、忙しいからさ、じっくり読めてないのよ」

　もちろんウソだ。この原稿はイヤと言うほど、読み込んである。イイ原稿なのもわかってる。だが今、引き出したいのは米田廉の率直な感想なのだ。オレが読み込んでいることを知れば、米田廉も感想を言いにくいだろう。**意見を聞きたければ、黙る。調子づかせたければ、へりくだる。これが『鬼谷子』の教えだ**[*1]**。**

「わかりました」

米田廉も心なしかうれしそうだ。こういう頼られるという経験自体、この会社に入ってはじめてなのかもしれない。

§

オレは自分の席に返ると、『三分で恋人ができる！　熱血恋愛力教室』のゲラに赤字を入れはじめた。このゲラも大詰めだ。

「おい、チョウギ」

端センパイが話しかけてきた。

「なんすか」

「おまえ、来週のパーティー、出るだろ？」

「もちろん、出ますよ」

端の言った「来週のパーティー」とは、来週末に行われる社内懇親会のことだ。基本的には全社員が参加しなければいけない。そんな空気になっている。

「社内メール見たか、チョウギ。新宿ＤＣビルで立食パーティーだってよ」

「すごいっすね。さすが帝国」

オレらの話を聞いていた浮田が、言葉を挟んだ。

「帝国の懇親会では、社員全員が一人一人米田社長と乾杯しながら、お言葉をいただくんですよ」

「「マジかよ！」」

オレと端は思わず同時に驚きの声を上げた。

「まあ、今回は共和帝国出版としての新しい懇親会だから、やり方も変わるかもしれませんけどね」

「いや、オレは社長と乾杯したいなあ」

オレが言うと、端がすかさず、

「この裏切り者！　とうとう帝国側に魂を売ったか、おまえ！」

と、不穏当なことをデカイ声で言った。よく見ると、目が赤い。あいかわらず寝てないのか、昨日の酒が残ってるのか、その相乗効果か。浮田はそれを聞いて困ったような顔で半笑いしている。茂比寛子にだって多分聞こえている。よく考えたら、茂比はパーテーションを挟んで斜め前に向かい合わせで座っているのだ。こっからは見えないから、いるかどうかは確かじゃないが。

「まあまあ、そんな青筋立てんでもええじゃない」

オレはとりなしたが、「社長と乾杯したい」は本心だ。オレは米田廉から企画を出させるために、米田社長から「米田廉を頼む」という言質をとらなければいけない。その格好のチャンスが来週の懇親会なのだ。

浮田が半笑いのまま、困ったように口を開いた。

「まあ、米田社長はお酒飲まない人なんで、乾杯は形だけですけどね」

「へえ、オレは勝手に酒とかバカスカ飲むゴウケツなのかと思ってたけど」

実際、オレの中での米田社長はそういうイメージだった。合併直後の集まりで見たときも、背が高く恰幅もよく顔もふてぶてしい男だった。オーラってヤツもある。ちなみに、もちろん顔は米田廉に似ている。いや米田廉が似ているのか。合併前から耳にしていた業界内での評判も、「やり手」、「辣腕」あるいは「豪腕」という感じだった。

「まあ、ゴウケツはゴウケツなんでしょうけど、好物がたい焼きだったりして、結構かわいいところもあるんですよ」

浮田が言った。ほほえましい、といった感じだった。端は、それを聞いてうなるように言った。

「たい焼きに下剤いれちゃる」

「やめなさいよ」

オレは思わず笑った。

なぜか「たい焼き」という言葉に妙な引っかかりを感じていた。が、それがなぜなのかはわからなかった。

§

自分のバックに誰がいるのか、自分がどの陣営に属しているのか。これは『鬼谷子』の陰から人を動かす術において、重要な要素だ。「バック」、「陣営」ともに、陰の力となる。

この力は、身を守る力であり、言葉を重くする力であり、人を動かす力だ。

だからこそ、**「バック」、「陣営」同士の関係性やそれぞれの持っている力をはかって、自分の謀に合った最も強力なものを選び取り、それに属することで、その陰の力を利用する。**[*2]

これが〝忤合《ごごう》の術〟だ。

例えば、ウチの会社では「帝国系」と「共和系」が敵対しているが、現在、力関係は「帝国系」がはるかに優勢だ。だから「帝国系」に就くべきだ。

などと考えるのは、浅い。なにが浅いかと言えば、観察が浅い。**〝忤合の術〟で最も大**

切なのは、事前の情勢観察。つまり、〝量権〟だ。[*3]

現在、ウチの会社は、一見すると「帝国系」と「共和系」が敵味方として一対一で対立しているように見えるが、周囲との〝反覆〟の中で情報を集めてみると、就くべき第三の勢力があることに気がつく。

それが「米田社長派」だ。米田社長は、「帝国系」と「共和系」の両方に対して圧倒的優位に振る舞うことができる。ならば、オレは米田社長に就く。というか、もう半分就いている。

米田廉から企画を出させるというのは、そういうことなのだ。オレも途中まで気がつかなかったが、そこがじいさんの狙いだったのだ。

米田廉の社内での扱いは、「親である社長の権威を笠に着てわがまま放題やってる若者」というもの。言い方を変えれば、社長自身を除けば、社内でただ一人の「米田社長派」だ。本人はさぞかし無念だろうが、事実だからしょうがない。そして、事実である以上、オレはその事実の持つ陰の力を利用する。

しかし、それには、勝手に米田廉の後見人ぶるだけでは不安定だ。周りからの反発も予想される。そこで、ぜひとも欲しいのが、米田社長からの言質だ。つまり「息子を頼む」という言葉を引き出すのだ。

もちろん、引き出せなきゃ引き出せないでしょうがないが、ベストを目指すにはぜひ欲しいオプションだろう。

問題は、例の懇親会の席で、どうそれを引き出すかだ。それには、あ、人にぶつかった。

「すみません!」

言いつつ、我に返った。会社の入り口。自動ドアの前。ぶつかった相手が尻餅をついている。小説やアニメであれば、こうしてぶつかる相手は美女もしくは美少女であり、その後、「きゃあ!」、「すみません! 大丈夫?」から始まる二人のストーリーが展開されるものと相場が決まっているが、遺憾なことにその相場は創作物内相場なのだ。現実とはつねに残念なもの。

オレの目の前で尻餅をついているのはスーツ姿の中年。ハゲている。営業部の灰田清人だった。

「大丈夫。うん。大丈夫だよ」

灰田はよっこいと立ち上がると、ズボンの尻やらなんやらを払った。外回りから一旦会社に帰ってきたところだろう。

「灰田さん、大丈夫ですか?」

「ああ、張本君。君もどっか行ってたのか」

「はい。花金錬太郎先生が日本に帰ってきてるんで会ってきました」

そう、今日は午前中、花金に会ってきた。企画が動くかもしれません、という軽い挨拶がてらのご機嫌伺いだ。

それにしても灰田、なんか顔色悪い。疲れのせいかおじいちゃんみてえな顔だ。相当ジェイソン部長に絞られてるんだろうか。あ、それとも茂比寛子にフラれたアレが効いてるのか。本当か知らんが。

「大丈夫ですか？　ヨタついてますよ」

「はあ、もうやってられん」

「すみません」

「やってられないよ、張本君」

「はあ。もうそれは謝ります。ぼおっとしてたもんで」

「そうじゃない。わたしはもうこの会社、やってられないよ」

「いやいや。会社の前でなにを言いはじめてるんですか。愚痴なら、別の機会に聞きますよ」

多少の不自然さはあるが、これをきっかけに営業部内の情報について聞いておくのも悪くないだろう。

「そうか。もういい。今から茶でも飲みに行こう」

「これから、会社でなんかしなきゃいけないんじゃないですか」

「いいんだ、もう」

「そうすか。じゃあ〈トロールパーク〉とかで？」

「私を会社じゃないどこかへ連れてってくれ」

なんか字面は、バブル期の映画タイトル『私をスキーに連れてって』を彷彿させて気色悪いが、そこには切実な響きがあった。

14 社内のうわさやデマとのつきあい方

「悪いね。まだ昼飯も食べてないんだ」

店の中にある時計を見ると、二時ちょっと前だ。灰田は目の前でオレのすすめたチーズピラフをがっつきはじめた。

「うえ。マズいね、これ」

灰田が顔をしかめた。

「ここの店の料理を不自由なく食えるのは、端センパイとオレぐらいですよ。でも、そのかわり見てくださいよ。誰もいないでしょ？」

このチーズピラフを食するには、「味わう」ではなく「耐える」という意識が要求されるのだ。そして、オレはこの耐える食事が、なぜか気に入っていた。変態なのだろう。

オレはブレンドコーヒーを飲む。これもあいかわらず、うれしくなるほどマズい。

「で、愚痴聞かせてくださいよ」

「ああ。しかし、まずいもん食わされて、いっそう気持ちがすさむなあ」

灰田が力なく笑った。こりゃ、悪いことしたかな。でも人がいない店、ここしか知らないんだもんよ。

「まあいいさ。それより、合併後のこの会社どう思う？」

お。相手からの〝反〟だ。当然、〝反覆〟の基本通り、陽の同調を〝覆〟として返そう。どう同調するかは、灰田の様子を見れば一目瞭然だ。

「ろくでもないですね。オレも最近ボロボロですよ。営業部も大変ですか？」

「大変なんてもんじゃないよ。ジェイソン部長のノルマがすごくてさ。書店に一日分の本を置いてくるまで帰ってくるなって感じだよ」

「やっぱり」

「ジェイソン部長の本当の狙いがわかるかい？」

ここで灰田が身を乗り出して、声を落とした。オレも同調して、声を落とし気味にした。

「なんですか？」

「共和系の営業の人間を全員辞めさせることだよ」

「そうなんですか？」

「当たり前だろ。アイツらにとっちゃ俺たちは目の上のたんこぶなんだよ」

たしかに合併後、厳しいノルマのせいなのか、共和出身の営業は何人か辞めていた。ただオレは聞いた瞬間に少し違和感を覚えた。

「じゃあ、かなり共和出身者の扱いはひどいんですか？」

「そりゃそうだよ。あんなノルマ背負わされてさ」

ここでオレは気になったことについて〝反〟を返した。

「共和出身者と帝国出身者でノルマは違うんですか？」

「そりゃ、同じノルマだけど問題はそこじゃない。問題は、帝国のやり方を押しつけてるってことなんだ」

「そうですよねえ。共和には共和のやり方があるんだから」

オレはとりあえず同調した。

「部長は、私たちを洗脳して、自分のコマとしていいように使おうとしてるんだよ」

「なるほど」

あれ、さっきは辞めさせようとしてるって言ってたけどなあ。

もしかしてこれは、『鬼谷子』が言う、当てにならない五つの言葉の一つ、疲れて心気が衰え、**判断力を失っている人間の言葉「病《へい》」**ってヤツか。

ちなみに**当てにならない言葉には、他に、なにかを恐れて言わされている「恐」、塞ぎ込むあまり本心を明かさない「憂」、怒りにまかせて言う「怒」、有頂天になっているときに言う「喜」というものがある。**[4]

こうした言葉を聞くときは、どこに真実があるか詳しくはかれ、とじいさんは言っていた。**どんな人間の言葉にも利用できるところとできないところがあり、その最も優れた部分を聴き取ることができてこそ、『鬼谷子』の術の使い手なのだ、**とも。[5]

「それに、部長は社長の指示で編集部まで牛耳ろうとしてるんだよ」

「そうなんですか?」

「社長に言われて編集部の会議に出てるだろ? アレさ、事前に編集部の茂比寛子って女と口裏合わせて、なんかやってんだから。企画会議の前になると、よく来るよ」

浮田が言ってたこととも合致する。これはホントっぽいな。少なくとも、来てない人間を「来た」と言う確率は少ないだろう。やはり、茂比とジェイソンの会議での一心同体は意図的なもののようだ。

「あの茂比寛子ってオンナにも気をつけた方がいいよ。やたら男に色目つかうし、ロクな女じゃない」

「はあ」

オレは「単にオメエがフラれただけだろ」という言葉を飲み込んだ。オレも茂比は苦手だが、そういうタイプの人間ではない。まあ、いいや。オレには関係ないし。それより、オレにはここにきて大きくなってきている疑問があった。そもそもの話だ。

「あの。帝国側っていうのは、なんでそこまでして共和系の企画をつぶしにかかるんですかね？　そもそも編集に共和系のテイストを取り入れるために合併したんじゃないんですか？」

オレがまっすぐに疑問形の〝反〟を投げかけると、灰田は、

「これは営業部の人間なら誰でも知ってるうわさだけどね」

と前置きをしてからこう続けた。

「今って電子書籍への移行期でしょ。当然、帝国も来るべき電子書籍の時代への準備を進めている」

たしかに合併後、我が共和帝国出版には権利関係を管轄する「ライツ部」という専門部署が設置され、そこに電子書籍のマーケティングに詳しい人間が集められているという話は聞いたことがある。

「ところで、電子書籍の一番の特徴ってなにかわかるかい？」

「なんですか？」

「基本的には絶版がないってことさ。つまり、紙の本と違って半永久的にネットに置いておける。だからこそ、いつの時代でも通用するような普遍性のある古典や名著っていうのは、長期的に見れば定期的に売れる一種の資産になる。きっかけさえあれば、ブームになりやすいのもこの手の本だしね」

オレにはまだ話が見えてこなかった。

「しかし、帝国にはこの手の安定的に売れるような古典や名著がない。なにしろ、その時その時のヒット作に乗っかったパクリ本しか作ってこなかったからね。本当にしょうもないヤツらだよ。こういう、ブームが去ればゴミクズになる類《たぐい》の本は、ネットに置いていても売れる見込みはない。電子書籍時代における経営の安定性を考えた場合、これじゃまずいわけだ」

なるほど。

「そこで目をつけたのが共和書房だったのさ。共和書房には、コンスタントに売れ続けてる古典や名著の類が結構あったじゃない。ビジネス書から哲学書まで、あと海外の本の翻訳とか色んなジャンルに。でも結局、過去に遡って、そういう作品たちを電子化して売る余裕も方法論もうちにはなかった」

「そうですね。若いヤツらでどうにかしようとしたけど、結局ダメでした。カネがなくて」

「それが帝国ならできる。アイツらは合併することで、そうした共和の古典・名著のラインナップを労せず手に入れることに成功したんだよ。つまり、アイツらが欲しかったのは共和の編集力じゃない。過去のコンテンツだったたってわけ」

ひい。まじかよ。そんなことってあるのかよ。

オレは話の持つ迫力に圧倒されかけたが、この言葉も「病」である可能性を思い起こした。単なる「陰謀論」ってやつかもしれないし、そうじゃないのかもしれない。**不確実な〝疑〟に基づいて動けば失敗する。**別の人間との〝反覆〟の中で、別の確実な根拠が出てくるまでは判断を留保するべきだろう。

本当だとしたら許せない。本当だとしたら、だ。

「なんでそうなるんですか！」

「いや、言いたいことはわかるよ。わかるけどね」

§

オレが、灰田の話を頭でこねくり回しながら編集部に帰ってくると、こっちはこっちでなんか面白そうなことになっていた。

茂比寛子が剣振編集長を問い詰めている。席に戻ったオレは声を落として、浮田に尋ねた。

「なに、どうしたの？」

「いや、なんか、編集長から仕事を振られて、ブチ切れたみたいです。茂比さんも結構な本数抱えてたんで、それで」

「へえ」

オレは少し離れた剣振の席の方を見た。

端が口を開いた。

「取っ組み合ったら、茂比の方が強そうだよなあ。正直、アイツに詰め寄られると相当迫力あるぞ」

「じゃあ、あんな言い合いしなきゃいいでしょうが」

オレが言うと、端はドヤ顔で、

「勝てなそうな相手に立ち向かうのもサムライだ」

と訳のわからないことを言った。

浮田が丸眼鏡を指でずりあげながら、冷静な口調で分析を披露した。

「知力、気力、体力すべてにおいて、茂比さんが有利でしょうね」

おい、「知力」って。さすがに剣振がかわいそうだろ。

編集部中が不自然な沈黙に包まれている。要は聞き耳を立てているのだ。

「米田君にやらせればいいじゃないですか！」

「いや、キミの言いたいことはわかるよ」

茂比が編集長に詰め寄っている。まあ言ってることは正しい。正論だ。

部屋の端っこの席の米田廉を見ると、おそらくオレの渡した『パウリの見た世界（仮）』の原稿だろう、それを読むふりをしているが、全身が耳になっているのが伝わってくる。

心中いかばかりか。

「それが共和書房のやり方なんですか!?」

「いや、そういうわけじゃないけども……」

端が今のやりとりを聞いて、

「あの野郎、またあんなことを」

と憤った。野郎じゃないけども。ただ、たしかに茂比は最近ああいう言い方をすること

が多くなった。浮田も、

「今の言い方はダメですね。茂比さん」

と嘆いたような言い方をした。オレは浮田に尋ねた。

「最近多くない？　ああいうこと言うの」

「たしかに。僕の観察じゃ、ふた月前くらいからですかね」

「よく覚えてんな。なんかきっかけでもあるのかね」

「さあ」

茂比は、剣振の言動や行動の矛盾点を突きまくって、一通りの非難を極め尽くしたあと、

やっと自分の席に帰った。仕事はとりあえず剣振が預かることになった。やはり剣振は米

田廉に強く出られないようだ。あと、茂比寛子にも。

っていうか、その仕事、オレに来ねえだろうな。

オレは、『三秒で前向きになれる！　ポジティブ名言大百科』のカバーデザインのチェックを始めた。

§

それにしても、さっきの茂比寛子の言動。茂比は別に米田廉に気を使ってやしないのか。もしかして、あの様子じゃ、むしろ苦々しいくらいなのか？　オレは瞬間的に茂比の内心を〝揣情〟した。

だとすると、企画会議では、剣振と違って「米田廉が出した企画だから」って理由だけでは、平然と反対してくるかもしれない。めんどくせえ。社長を気にするなら、その息子も気にしろよ、もう。しかも、剣振が茂比のことを恐れてるとしたら、茂比が反対すれば剣振も押し切られてしまうかもしれない。

オレは、茂比が席を外しているタイミングで、浮田に話しかけた。ここはハッキリさせておかないと。

「茂比さんって、社長の息子だろうが容赦ないんだな」

「そりゃそうですよ。茂比さんは、社長だろうが、社長の息子だろうが関係ないですよ」

浮田は机で作業しながら答えた。

あれ、前にこいつを〈クロスロード〉に連れて行って聞き出した話と違わねえか。オレは思わずあわてて、あからさまな〝反〟をぶつけてしまった。

「前に、帝国の人間はみんな、社長に気を使ってるみたいな話してなかった？」

「あ、あのバーでの話ですか。やだなあ。酒の席の話持ち出して。正直あんまり覚えてないですけど、そんなこと言いました？」

そうか。酒の席の話ってのも、『鬼谷子』の言う当てにならない言葉か。あのときの浮田の様子じゃ、さしずめ「喜」、あるいは酒で一時的に心気が衰えて「病」ってところか。やっぱ酒の席の話はダメだ。

ただ、浮田は作業の手を止め、話を続けてくれた。

「たしかに、ジェイソン部長とか、大抵の人間は社長をめちゃくちゃ怖がってますよ。ただ、茂比さんだけは別です。茂比さんは自分が正しいと思ったら、社長にだって楯突く人です」

「そうか。まあ、彼女、なんか見るからに根性入ってる感じだもんな。じゃあ、オレらが出す企画に反対するのも」

そこまで言ったオレの言葉を浮田が引き取った。

「なにか感情的なものがあるにせよ、基本的には自分の編集に対するポリシーからだと思いますよ。彼女は、帝国式のやり方で本が多くの読者に届いてるってこと自体にプライドを持ってるんです。一緒になって反対してるジェイソン部長は、確実に社長の意向を汲んでるだけでしょうが。彼の場合、前からそうですから」

ということは、茂比を直接こちらの企画に賛成するよう動かすのは、難しいだろう。米田廉から企画を出そうが、剣振編集長とは違ってなんとも思わないだろうし、そもそも浮田から聞く限り、茂比の〝事〟は「これからも帝国系の企画でやっていく」というものなのだ。あまりにスキがない。

茂比寛子をどう動かすべきか。しばらく考えたが、答えは出なかった。

15 〝飛カンの術〟応用編

——ヨイショで言葉を引き出す

懇親会は新宿DCビルの四十階の会場で行われた。

立食パーティー。参加者は、ほとんど全社員。総勢百五十人くらいか。編集部、営業部、総務部の他、例の電子書籍関連のライツ部、他にも帝国系から引き継いだという不動産管理関連の部署など、オレのよく知らないような部署の人間も参加しているらしい。それにしてもこんな高そうな会場借りて、カネは大丈夫なんだろうか。オレが会場の片隅で余計な気を回していると、愛媛れいが近づいてきた。

「すごいね、チョウギ。私、こういうのはじめてかもしんない」

「オレは著者絡みで、一応何回かあるけどどね。社内でこういうのがあるとは思わなかった」

「私、ケーキ食ってこよっと」

愛媛はケーキのコーナーに跳ねるように向かっていった。あわただしいヤツだ。

薄暗くシャンデリアがきらめく会場を見渡すと、それぞれがそれぞれになんかしてる。当たり前か。会場のバーカウンターでは、端がワインのおかわりをバカスカ頼んで飲みまくっており、浮田がそれをなだめているようだ。剣振は一人でビュッフェコーナーから料理を取っている。米田廉は見あたらない。

そう言えば、浮田から聞いてた、素敵な社長との乾杯タイムもないようだ。っていうか、立食パーティーでお酌とかってあんまりやらないよな。

茂比寛子はグラスを片手にもう一人の女と話している。あれは、社長秘書の本宮恵理子だ。愛媛いわく「元・大山の愛人、現・米田の愛人」。本当かいな。

そうだ米田社長は？　オレが米田喬の姿を探していると、どこかで見たようなオッサンが近づいてきた。

「よう、張本。頑張ってるか？」

ハゲた頭に丸い身体。太い声にバチッと決まったグレーのスーツ。大山副社長だった。なんか久しぶりに会った気がする。

「はい。おかげさまで、一応、頑張ってます」

「そうか、そりゃ結構」

大山は手に持ったワイングラスを口元に運ぶと、渋面を作った。

「やっぱ白ワインは、日本酒の代わりにならんな」

「そりゃそうですよ」

オレは思わず吹き出した。そう言えば、大山は共和書房時代、社員を飲みに連れ出すたびに「日本酒以外は酒じゃない」と持論を披露していたものだ。

「最近、副社長、お忙しいんですか？」

「どう思う？」

なんだこの謎かけは。

「さあ、さっぱりわかりません」

「社長と話したいなら、オレが紹介してやるよ」

急に。心の準備が。っていうか、なんでオレが社長と話したがってるのを知ってるんだ。

オレが大山の後ろをついて行くと、ブルーのスーツを着込んだ金髪碧眼のジェイソン部長、グレーのスーツに赤いネクタイをしめたミッツ安川部長、そして、やや所在なさげにしている剣振編集長などに囲まれて、米田社長が立って話をしているのが見えてきた。好都合な状況だ。

落ち着け。オレ。オレ。米田廉についていて言質をとる。その技術はじいさんに習った。『鬼谷子』を信じろ。オレ。

米田社長は、白髪混じりの頭をきっちりと整え、いかにも仕立てのよさそうな黒っぽい色のスーツに身を包んでいる。手に持ってるグラス。あれはオレンジジュースかなにかか。

「米田さん、コイツ、コイツ、コイツ！」

大山がまだ距離があるうちから、米田社長に向かってオレを指さした。

そして、オレはそこから四、五歩のうちに米田社長の前に立つことになった。

「コイツ、編集部の張本。チョウギって呼ばれてるんだよな、オマエ！」

大山がオレの背中をパンと叩いた。米田社長と視線が交錯した。

米田社長の目は、どっしりと落ち着いていて動かない。強い人間の目だ。この目で見つめられたら、たしかに思わず空気を読んで動いてしまうかもしれない。

だが、オレは不思議とそれを見て落ち着いた。本当に恐いのは、強いのか弱いのかわからない普通の目だ。じいさんや孫田のような。オレにも、そういうことがわかりはじめていた。

強い人間とわかっているなら、強い人間なりの崩し方がある。**強みのある者は、それだけどこかに弱みを蓄積し、まっすぐな者は、それだけどこかがねじ曲がっている。**[*6] つまり、誰にも陰陽がある。それが『鬼谷子』の教えだ。

「編集部の張本です」

「米田だ。よろしく」

米田が差し出してきた手を両手で握る。

「編集部と言えば、息子さんがいるとこですな」

思いもかけず大山が口火を切ってくれた。

「そう言えば、そうだ。息子は迷惑をかけてないかね」

オレは米田が「そう言えば、そうだ」ととぼけてみせたところに、本心が隠されている気がした。その実、息子のことが気になってしょうがない親心が。しかし、表面上は息子である米田廉に対して、厳しめのことを言うだろう。オレは、言質をとるための道筋が見えた気がした。

飛カンの術でいける。飛カンの術の中には、**通常の同調と否定によるものがうまくいかなかった場合に使われる、より強力な方法がいくつかある。**[*7] **その中の一つが、「持ち上げることでそしる」というもの。**つまり、肯定しまくる陽の言葉によって、逆に否定の陰を感じさせてそれを引き出すというものだ。

この場合ならば、米田廉のことを肯定し持ち上げまくることで、相手からオレの望む「いやいや、まだまだだよ。息子を頼む」といった言質に手頃な否定が引き出せるはずだ。

これを試してみよう。

「廉君は優秀ですよ。本もよく読んでますし」

オレはさっそく米田廉を持ち上げる陽の言葉をぶつけ、飛カンの術の下地を作りはじめた。

「たしかに、アイツは子供の頃から相撲やってるか、本を読んでるかのどっちかだった」

「やっぱり。本の趣味も僕と合うんですよ」

「そうなのか。アイツはこう言っちゃなんだが、ワシの作ってきたような本が大嫌いでな」

米田社長はこう言うと笑った。

「だが、大山さんのところと合併して、これからは、徐々にでもアイツの好きな共和書房が作っていたような本も作れるようになるだろう。な、大山さん」

「もちろん」

大山がにっこりとして答えた。「徐々にでも」か。「徐々に進める」という言い方は、なにもしない場合の常套句だが。共和系の本は今後も作らせないという意味だろうか。大山に話を振ったのは、その当てつけか。それとも……。いや、今考えることじゃない。今は、とにかく言質をとることだ。

「そう言えば、廉君もそろそろ自分の企画を出すことを考えてるみたいですよ」

「そうか。じゃあ、よろしく指導してやってくれ」

来た。「指導してやってくれ」。欲しかったのはこの言葉だ。だがここは、もっとハッキリと言葉を引き出したい。周りで見ている人間にもわかるように。

「いやあ。本当に彼はデキる感じなんで、今さら、あんまり教えることもないんですが」

「いやあ、そんなことないだろう」

米田の気配からうれしさがこぼれていた。

オレの陽の言葉に対して、米田から否定の陰の言葉が返ってきた。飛カンのパターンにはまったか。そこでもう一度、陽の言葉をぶつける。

「本当ですよ。本作りのカンがあるんです」

「いや、あいつはまだ若い。いろいろ教えてやってくれ」

来た。「教えてやってくれ」。すかさず受け入れて確定する。

「そうですか。そこまでおっしゃるのなら、僕に教えられることがあれば、喜んで」

「そうか。頼んだぞ。約束だ」

再び米田社長は手を差し出してきた。オレも再び両手で握り返す。

「わかりました。僕のできる限り、廉君の企画をサポートさせてもらいます」

今のやりとりを周りの部長たちも聞いていただろう。明確なリアクションはとらなかったようだが。まあ聞いていなくても、さりげなく吹聴していけばいい。オレは米田廉の企画のサポートを、社長から頼まれたのだ。

「酒の席の言葉を真に受けて」という人間もいるだろう。たしかに、米田の言葉は、オレの陽に反応して喜びのあまり出た〝喜〟の言葉だ。『鬼谷子』の言う当てにならない言葉の一つだろう。しかし、ポイントは、本心にせよ違うにせよ、米田社長がそれを口に出したということだ。「言質」としては十分利用できる。当てにならない言葉もまた利用する。これも『鬼谷子』の教えなのだ。

とにかく、これでオレは米田社長公認の「米田社長派」だ。

オレは、頭を下げて米田社長から離れた。そして、何歩か歩いたところで、急に呼び止められた。

「張本君、ちょっと」

振り返ると、米田社長がこちらに向かって手のひらを伸ばしていた。思わず、呼び止めたという様子だ。

「君は、もしかして」

大山がそれに割って入った。

「米田さん、この前の話ですがね」

大山は米田社長の肩を抱き込むようにして、さりげなく反対を向かせ、オレに向かって小さく「あっち行け」という手の動きをした。

なんだ、今のは？

「チョウギ、ケーキ食ってるか！」

満面の笑顔の愛媛が大量のケーキを皿に載せてやってきた。

16 強敵を崩すには、チームワークの隙間を狙え！

パーティーは九時に終わった。

「米田喬から言質をとれ」というじいさんのミッションをこなしたオレは、新宿を出ると電車で銀保町に向かった。〈クロスロード〉で一人、ひそかな祝杯を挙げようと思ったのだ。

店までの道を歩いていると、猫とすれ違った。オレは思わず振り返った。暗くてよくわからないが、去っていく毛並みが青い気がする。いや、堀船在住の猫がこんなところにいるわけないいか。ってことは、オレが知らないだけで、結構いるのか、あの種類。

店に入ってみると、あいかわらず客がいない。いや一人だけカウンターの奥にいた。

マスターが、入ってきたオレに声をかけた。

「おお。オマエか。待ち合わせだろ?」

カウンターに座ったスーツを着込んだ老人がこちらを向いた。

じいさんじゃねえか。

「え、なんでいるんですか?」

オレが驚くと、じいさんは平然とした調子で答えた。

「おぬしと待ち合わせじゃ」

「そんなことしてませんよ」

「そうだったかな」

じいさんはカウンターに置かれた湯飲みをずびびとやり、こんと置いた。この店に湯飲みなんてあったのか。

「どうやら、おぬしの〝飛カンの術〟は、うまくいったようじゃな」

「なんで知ってるんですか？」

「『鬼谷子』曰く、『**天下の目で見る者に見えないものはなく、天下の耳で聞く者に聞こえないものはなく、天下の心で考える者に知らないものはない**』じゃ。**人とのつながりさえあれば、どんな情報も自然と集まってくる**ものじゃ[*8]」

「誰かから聞いたってことですか？」

「知らん」

知らんってことはないだろう。自分の話なんだから。ただじいさんに言う気がないのは十分に伝わってきた。

じいさんは、再びカウンターに置かれた湯飲みをずびびとやり、こんと置いた。「底が知れない」という言葉があるが、じいさんの場合、そもそもなんの「底」なのかが知れない。

「マスター。これなんすか？」

オレはじいさんの湯飲みを指さした。

「湯飲みは、この人の持ち込みだよ。中身はアードベッグのスーパーノヴァだけどな」

「アードベッグのスーパー……、なんですか？」

「そういう酒があるんだよ。おめえはいつものでいいな」

マスターはそう言うと、グラスにいつもの店で一番安いウイスキーを注いで出した。ああ、そろそろこのウイスキーから卒業してえ。

「なんで、持ち込んでまで湯飲みで飲んでるんですか？」

「器がなければ、酒も飲めないじゃろ？　それより、陰は整った。あとは陽に及ぼすだけじゃ。今日はそれを祝して出張講義というわけじゃ」

「はあ。それは……、ありがとうございます」

「まずは乾杯しようかの」

オレはグラスをじいさんの湯飲みにぶつけた。チッという音がした。ウイスキーを一口飲む。喉がやけた。じいさんは、湯飲みに入ったスーパーなんとかを、ずびびと飲み干した。

「しかし、すすめられて飲んだが、大してうまいもんでもないのう。では、早速。チョウギ。おぬしの会社の勢力図はどうなっておるかの？」

「共和系と帝国系が対立し、その両者の上に米田社長がいます」

「して、どれに就くのが最も有利か？」

「もちろん、米田社長に就くのが有利です」

「そうじゃ。で、実際に米田社長に就くことになったわけじゃな。では、そのことで周囲との関係にどんな変化が起こる？」

「変化ですか？　うーん……」

「よいか？　去就を操る〝忤合の術〟においては、知っておかなければいけない基本原理がある。それは**人間関係の中では、必ず、こちらに就けばあちらに背くことになり、こちらに背けばあちらに就くことになる、というものじゃ**[*9]」

「はい」

　マスターはそれまでのオレたちの会話を聞いているのかいないのか、コップを磨いている。しかし、こんなに客がいないのに、あのコップはいつ汚れてるんだろうか。

　じいさんが話を続けた。

「つまり、誰かに就くという陽は、必ず誰かに背くという陰を生み出す。だからこそ、自分がどこに就くかは、この陽と陰を秤《はかり》にかけて決めなければならない。しかし、素人はこの単純なことがわかっていない。何千年にわたって、ほとんどのヤツがわかっておらん」

　じいさんは一瞬なにかに思いをはせたような目をした。

「米田社長に就くことで、誰に近づき、誰から離れることになるか。考えてみよ」

オレは、社内の一人一人を思い浮かべて考えてみた。

「まず剣振編集長とは関係が近づくでしょう。むしろ威圧できると思います。ジェイソンとも近づくでしょう。ただし、茂比寛子とはあまり関係が変わらないと思います。多分彼女には、米田社長の威光というものは通用しません」

「そうか。端鹿太郎や浮田良太とはどうじゃ？」

「浮田ははっきりとはわかりませんが、あまり関係は変わらない気がします。しかし、社長に就いたことで端センパイからは多少反発を受けるかもしれません」

「端から反発を受けることは、おぬしの謀の成否に影響を与えるかの？」

「端センパイには悪いですが、あんまり関係ないと思います」

オレは思わず軽く笑った。

「それに、米田廉から出させる企画は、共和系のやつです。端センパイも結果的には喜ぶと思います」

「では、米田廉は？」

「こちらが父親の指示で企画を手伝ってるように考えられてしまうと、反発を受けるかもしれません」

「だろうのう。ならば、そこはある程度、自分の謀を正直に説明せい」

「え、いいんですか？」

「必要最低限の線を見切って、知らせるべきは知らせるのじゃ。**秘密にすることと知らせることを適切に操作する。これも『鬼谷子』の術なのじゃ**[10]」

「でも、オレの謀が外に漏れて、陰でなくなるリスクが出てくるんじゃ……」

「それは違うぞ、チョウギ。**話すべきときに隠せば、勘繰られる。それこそ謀に亀裂を生む**」

「なるほど」

「むしろ、**知らすべき相手には、知らしむる**のじゃ。とくに〝事〟を共有し、共闘関係にあるような相手とはな。今回で言えば、米田廉がそうじゃ。そうすれば、**むしろ相手とのつながりも強くなり、余計な失敗の亀裂はなくなる**ものなのじゃ[11]」

「たしかに言われてみれば」

「むろん、すべてを知らしめる必要はないがな。**知らせるべきことは確実に周知する、知られてはいけないことは絶対に秘密にする。これを合わせて、すなわち〝周密《しゅうみつ》〟と言う。〝周密〟こそ、存在と滅びの門の開閉を操り、人を動かす『鬼谷子』の術の本質。**謀のすべては、ここに尽きると言ってもよい」

なるほど、自分の謀を隠し隠れる陰一辺倒では、ダメだということか。

§

「ところで、こうした状況を〝量権〟して、今のところ、謀の亀裂、失敗の亀裂はどこにある？」

そう問われて、オレの頭には一人の人物の名前が即座に浮かんだ。懸案だった。

「茂比寛子についてまったく動かせるようなメドがついていないことですね。茂比が激しく反対すれば、相当危ないかもしれません。どうやら、剣振は茂比のこともかなり恐れているようですから」

「では、どうするべきじゃ？」

「茂比を賛成に回るように説得して動かしますか」

「なるほど。茂比の抱く〝事〟はどんなものじゃ？」

「浮田の話では、〝これからも帝国系の企画でやっていく〟というものではないか、と思うんですが」

「なるほどのう……、それでは動かすのは難しいじゃろう。〝事〟が動かすのに合っておらん。前も言うたが、智者は易しいことを選んで取り組み、阿呆はわざわざ難しいことを選んで取り組むものじゃ」

「では、どうすれば？」

「たしか、会議には茂比とジェイソンが一体となって反対してくるんじゃったな」

「そうです。茂比の反対に影響力があるのは、営業部長がそれを支持するからです」

「**塀は隙間から壊れ、木は節から壊れる**[*12]」

「なんです？」

「**どんな謀も、それを実行する者同士の関係に隙間を見つけ、それを広げることで瓦解させることができる**はずじゃ。ジェイソンの方には『社長には逆らわない』という〝事〟がありそうじゃ。つまり心底のところでは、向いている方向が違うわけじゃ。この二人の〝事〟の違いこそ、〝塀の隙間〟であり〝木の節〟」

「なるほど。ジェイソン部長の方を賛成に動かしてしまえば、茂比もジェイソンとの連携を断ち切られて力を失うと」

「わかったようじゃな」

「では、ジェイソン部長には、どのように話をしましょう？」

「そうじゃな。念のため〝摩《ま》の十法〟でも教えておくか。マスターもう一杯」

「うまくないんじゃないんですか」

そう言ったマスターが、湯飲みになみなみとスーパーなんとかを注いだ。

第5章

相手の欲を利用して、動かさずに動かせ

いよいよ具体的に
企画会議のための
根回しを始めたチョウギ。
相手の心を反応させて動かす
「摩の十法」とはなにか？

17 〝摩の十法〟とは？

――相手の心を動かす十の方法

「どうだった、その原稿？」

　オレは米田廉と小会議室にいた。目の前に座ったデカい図体は、手にオレの渡した『パウリの見た世界（仮）』の原稿を持っている。自分なりに気づいたところに赤字を入れてきたという。

「いやあ、すごく面白かったです」

「そりゃ、よかった」

　オレは赤字を見た。結構手慣れた感じで書き込みがされている。

「ユングって人は、フロイトに次ぐ重要な心理学者なのに、いまいちメジャーになりきれない感じですよね」

　米田廉の口調には熱を感じる。

「そうだな。日本でも有名な心理学者が実はユンギアンだったりするけど、確かにユング心理学自体が一般に知られてるかって言うと、そんなにって感じだよな」

「でも、この本を通じて、ユング心理学の内容もかなり知られるようになるんじゃないですか？　相当面白いですよ、これ。大ヒットするんじゃないですか？」

「でも、この原稿、本にならないだろ？」

「え？」

米田廉が驚いた顔を見せた。

「だって、企画会議見て知ってるだろ。この企画は通らない。なら、本にはならない」

「そうか。たしかにな……」

米田廉はいかにも無念そうな様子を見せ、再び口を開いた。

「でも、なら、なんで僕に原稿を？」

「やってくれよ。この企画」

オレは率直に〝反〟をぶつけることにした。さて、どんな〝覆〟が返ってくるか。

「え、僕が？　っていうか、企画会議で通らないって自分が言ったんじゃないですか」

「君が出せば通るんだよ」

「どういうことですか？」

「君は社長の息子で、社内でビビられてるだろ？　腫れ物だ」

「そんなはっきりと言わなくても……」

「なら、それを利用しろよ。いいか。**覆《くつがえ》せない逆境なら、むしろそれを利用するんだ。**[*1]

編集長だって君が出せば反対できない」

「でも、他の人からも反対が」

「それは大丈夫。オレがなんとかするから」

オレは、まず〝摩の十法〟の一つ、不安を払拭する〝平〟を使った。米田廉が不安を訴えることはあらかじめ想定していた。『鬼谷子』では、相手を動かす〝揣摩の術〟として、十の方法を説いている。それが、オレがじいさんから授かった〝摩の十法〟だ。

その内容は、**(1)不安を払拭して動かす〝平〟、(2)論の正しさで動かす〝正〟、(3)喜ばせて動かす〝喜〟、(4)怒らせて動かす〝怒〟、(5)名誉・名声をちらつかせる〝名〟、(6)実力行使をちらつかせる〝行〟、(7)道徳に訴えかける〝廉〟、(8)信頼で動かす〝信〟、(9)利益をちらつかせる〝利〟、(10)下手に出る〝卑〟**、の十からなり、相手に合わせたものを選んで、適宜〝反〟としてぶつけて行動に駆り立てさせる、というものだ。[*2]

オレの〝平〟の言葉を聞いた米田廉は考え込みはじめた。腕を組んでうつむき加減でいかにも考えている様子だ。辞書の「考える」という項目の挿絵になりそうだ。

「いやあ……、企画出したこともないし、本も自分で担当したことないし」

「そんなのオレが手伝うし、周りも手伝うに決まってるだろ。大丈夫だよ」

さらに〝平〟。

「うーん」

米田はまだ腕を組んでうなっている。別の〝摩の術〟を試すか。

「この原稿ってのは、出版社の内部事情で埋もれていいものじゃない、とオレは思う」

道徳に訴えかける〝廉〟の言葉。米田廉はまだうなっている。オレはさらにたたみかけることにした。

「それに、これを君から出せば周りの見方も変わるぜ、きっと。そろそろ『社長のバカ息子』なんて汚名は雪《そそ》ぐべきだろ。本当はそんなことないんだから」

名誉・名声を利用した〝名〟による〝摩の術〟。

それを聞いた米田廉は、なお考え込んだ。そして、しばらくすると決意したように顔を上げた。

「わかりました。やってみます」

§

オレは部内会議に企画を出すまでの一通りの流れを米田廉に説明した。そして、最後に、じいさんの助言に従って知らせるべきことを知らせることにした。

「これからだいたいこんな感じでやっていくわけだけど、最後に一ついいかな」

「なんですか?」

デカイ身体を小さくしてメモをとっていた米田廉が顔を上げた。

「オレは君の面倒を見るように社長から言われている」

「親父の指示ってことですか?」

米田廉の口調がきつくなった。先に伝えてよかった。これが自然と耳に入る形だったら、オレの謀も総崩れしていただろう。やはり、じいさんの言ったように、周知と秘密のコントロール、〝周密〟の管理は大切だ。

「そうとも言える。ただ、社長から言われたというより、社長に言わせたって側面の方が強い」

「どういうことですか?」

口調のきつさが多少曖昧になった。

「オレはオレで社長の言質が必要だったんだよ」

「わからないです」

「正直な話をしようか。オレは企画を君に託したわけだけど、周りがそれを知ったら、どう思うかな？　自分好みの企画を通すために、いち抜けして腫れ物だった君に近づいて操ってると思う人間も出てくるんじゃないかな。まあ、ある意味そうなんだけどさ」

「はい」

「オレとしては、そういう見られ方は避けたい。オレへの反感、場合によっては企画自体への反感を呼びかねないからな。君のためにもよくない。やる気のない米田廉が、オレに言われて受け身の姿勢で企画を出したように思われるだろ」

「たしかに」

「そこで、オレはこういう体《てい》を作った。まず、オレは君とのとりとめのない会話の流れから、『パウリの見た世界（仮）』の原稿を読ませた。それを気に入った君が自分で企画を出したがった。で、他の仕事で忙しかったオレはそれを了承した。そんで、たまたまオレが社長に会ったときに軽い気持ちで話をしたら『頼む』と言われて、君をサポートせざるを得なくなった」

「入念だし、ズルイですね」

そう言って笑った米田廉は、いかにも痛快そうな様子だった。

「だから、君にもその体でいて欲しい」

「わかりました」

「この企画が通れば、この会社も多少変わると思う」

「多少じゃない。そんな気がします」

米田廉が言った。オレもうなずいた。

§

自分の席に戻ったオレは、なんとなく自分の血が沸き立ってるような感覚を覚えた。とうとう事態が具体的に動きはじめた。陰陽で言えば、〝陰〟にあったオレの謀が〝陽〟に現れて周囲に影響を与える段階に入ったということだ。この陰陽の転換点にこそ、失敗の亀裂が入る。これも『鬼谷子』の教えだ。

次に動かすべきは、営業部長のジェイソンだ。どう説いて、どう動かすべきか。

隣では、端が新聞を広げて読んでいる。

「へえ、南郷継春、やっぱりMSG辞めるのかあ」

オレは思わず反応した。

「え？　ちょっと見せてください」

思わず端から新聞をふんだくった。「南郷継春氏がMSG生命の経営を引退する意向を示したことにともない、次期社長として最高財務責任者だった木村保氏が選任された」とある。

「まあ、だいぶ前から、南郷は引退の意向を示してたらしいけどね」

「え、そうなんですか?」

ってことは、オレが会ったとき、もうすでに引退は決めてたのか。

「おまえ、もうちょっとニュースに関心持った方がいいぞ」

オレは〈クロスロード〉で孫田が言っていた、

「それは、木村さんで、いいんじゃないでしょうか?」

という言葉を思い出していた。やはり、孫田は本当に南郷継春を動かしていたのだ。

オレは感動したようななんだか不思議な気分になったが、それとは別に、南郷継春の名前を見てひらめいたことがあった。オレは引き出しの名刺入れから、一枚の名刺を取り出し、電話をかけた。

18 言葉の裏に隠された狙いを見極めよ!

米田廉が企画書を書き上げて持ってきたのは、二日後の朝だった。

「一応できたんですけど、チェックお願いします」

オレは『三秒で前向きになれる！　ポジティブ名言大百科』の校了紙の最終チェックをしていたが、その手を止めて早速読んでみた。

「タイトル（仮）」、「著者・略歴」、「企画意図」、「項目案」、「類書」。オレの教えた通りの項目立てで書かれている。企画意図も熱を感じさせ悪くない。ただ、売るための理屈がない。また、「類書」の欄も書かれてない。

「類書んとこ、書いてねえじゃん。どうした？」

「似た本で売れてるヤツが見つからなくて」

「あるじゃん。最近ブームになったアドラーのヤツ」

「この企画、あれとは全然違くないですか？」

「いいから書いときな。で、いかにあの本がこの企画と似てるかアピールする理屈を考えて、企画意図のところに書きな」

「強引じゃないですか」

「いいんだよ。黙って書きな」

オレはそう言って米田廉を自分の席へ追い返した。その様子を横目に見ながら、手鏡で七三分けを整えていた浮田が面白そうに口を開く。

「なんですか。米田君に企画の指導してるんですか？」

「社長に頼まれたからね」

「へえ。どんな企画ですか」

「内緒だよ」

「どんな企画出させるのか、楽しみだなあ」

浮田がにやりと笑った。

「出させるんじゃない。米田君が出したがってる企画をオレが手伝ってるんだよ」

オレが言うと、浮田は、

「はいはい」

と言って、手鏡を置き仕事に戻った。お見通しのようだ。だが、オレが米田廉を動かしているという証拠はない。それに浮田の抱える〝事〟も「共和系の企画をやりたい」なのだ。問題ないだろう。

オレは、パソコンで営業部のジェイソン部長へアポイントをとるための社内メールを打った。

そこには、さりげなく「米田廉のことについて相談がある」といったニュアンスの一文を入れ込んでおいた。ジェイソン部長は明らかに立食パーティーのときのオレと米田社長の会話を聞いている。何らかの反応は、あるはずだ。

茂比寛子がジェイソン部長に会う前に先手を打つべきだろう。とにかく、茂比とジェイソン部長の連携を断たなければダメだ。ここからは、オレと茂比、どちらがジェイソン部長を動かすかの勝負にもなってくる。ここで負ければ、すべてオジャンになるかもしれない。

とにかく先にジェイソン部長に接触しなければ。

§

その後、校了紙のチェックを昼まで続けたオレは、メシを食いに〈トロールパーク〉を訪れた。ガランと空いた店内の片隅にある一席に着く。ふう。

「チーズピラフとアイスコーヒー」

毎回これだ。我ながら呆れる。ただ、なんとなく「昼になに食べるかな」なんて考えるのが面倒なのだ。オレの現在の栄養状態を円グラフであらわした場合、チーズピラフに含まれる成分のみが突出しているであろうことは想像に難くない。

オレが先に来たアイスコーヒーを飲んでいると、二人組が入って来て、近くの席に向かい合って座った。

紫色のネクタイを締めた頭をオールバックにべったりと固めた色黒の中年男と、それに連れてこられたとおぼしき気の弱そうな学生風の若者。中年男は、「なに飲む？」、「あ、そう」、「すみません。ブレンドコーヒーとオレンジジュース」と言うと、カバンからパンフレットやら紙やらを次々と机の上に取り出した。

「では、さっそくご説明させていただきますね」

パンフレットを開いて、なにやらペラペラとしゃべりはじめた。

そして、色黒中年男はひとしきりしゃべり終えると、最後に、

「と、まあ、こういうふうに、人と人とのリアルなつながりの中で助け合っていくという他にはないシステムになっているんですね。私などこのような会員様たちの家族的な雰囲気が好きで、この仕事をやらせていただいているところがありまして」

と言って笑顔を見せた。オレの斜め前だから、丁度顔が見えるが、なんというさんくささ……。通常の神経の持ち主ならば、この顔面の持ち主の発言を信用するという判断は、脳を直接操作でもされない限りあり得ないはずだが、この学生風弱気青年はかなり、「少額の投資で大きなリターンが安定的に望める」、「経済に革命を起こす画期的システム」（スーツ男・談）に魅了されはじめているようだ。

「でも……」

弱々しいためらい。中年男は殊勝な調子で言葉を続ける。

「もちろん、無理矢理オススメすることはございません。ただ、お客様ぐらいの年代の方の将来を考えますと、今の時代、いざというときの生活を支えるセーフティネットとしても、このような選択肢も必要なのではないかと」

つまり、「あなたのためを考えると」ってヤツか。おお。『鬼谷子』の言う「戚言《せきげん》」じゃねえか。

じいさんによれば、**『鬼谷子』は、（1）相手にへつらう「佞言《ねいげん》」、（2）知識をひけらかす「諛言《ゆげん》」、（3）断言調の「平言《へいげん》」、（4）相手を心配する様子の「戚言」、（5）聞き役に回る「静言《せいげん》」という五種類の言葉を挙げ、得てして、こうした言葉を言う者には隠された狙いがあるとして注意をうながしている。**＊3

その一つが「戚言」だ。いかにも相手のことを心配しているという様子の言葉には、自分を信用させる狙いが隠されていると、鬼谷子は説いている。まさに中年男の先ほどの言葉だ。

その中年男は追撃の手をゆるめない。あ、チーズピラフが来た。

「ご存じですか？　公的年金制度というものは、とっくに制度設計が破綻しているのです。例えば、これは大学の研究機関の試算ですが、こちらをご覧ください」

中年男は、若者にパンフレットの図表を見せながら、各種「試算」、「研究結果」、「学説」、「予測」および「データ」をまくし立て、「一部では常識となっている」と称する年金制度破綻のシナリオと、無策でいる若年層の未来がいかに暗いものであるかを予言者よろしく熱烈に弁じ上げた。

なるほど、これが「訣言」というヤツか。知識を披露し、智者と思わせることで取り入る言葉だ。勉強になるなあ。

若者はたいそう納得した様子で陥落寸前だ。いやいやいや。目を覚ませ若者よ。

「中井さんは、将来の人生設計について、どのようにお考えですか？」

おお。「静言」だ。聞き手にまわり、相手の言葉尻をとらえて攻めるための言葉。若者は、おずおずと頼りない人生設計を語りはじめたが、まあ、すぐに言葉尻をとらえられて「投資しなければいけない」ことを証明するための材料にされてしまうだろう。

うん。これ以上は聞いてられない。

このあと、おべんちゃらで取り入る「佞言」と、断言調で意見を言うことで立派な人物に見せる「平言」が出てこないか興味はあるが、チーズピラフも食い終わった。

オレはスマホを取り出すと、誰かからかかってきたふりをして、大声で話しはじめた。

「あ、センパイですか！　……はい。……はい。え？　インチキですよ、それ！　サギです！　そんなうまい話あるはずないじゃないですか！　世の中にうまい話ってのは、な・い・ん・で・す！　家に帰って、相手の会社名をググったりとか、手口で似たようなのがないか調べたりとかしてみてくださいよ！　……はいはい、失礼しまーす！」

気がつくと、中年男と若者があっけにとられた顔で、こちらを見ている。

「あ、店内でしたね。申し訳ない」

オレは会計を済ませると、さっさと店を退散した。

§

夕方、『三秒で前向きになれる！　ポジティブ名言大百科』は校了した。とりあえずなんとか期日通りに本は出る。はず。疲れた。としか言いようがない。

オレが眼球をいたわろうと、机に突っ伏していると、外に打ち合わせに出ていた端が話しかけてきた。

「愛媛から聞いたぞ。おまえ、米田廉の教育係になったんだって？」

オレは先日のパーティでの米田社長からの「言質」、それと米田廉がはじめて企画を出したがっていることについて愛媛に話しておいた。さっそく触れ回っているらしい。多少の尾ひれはつくかもしれないが、そのくらいの方が「米田社長派」としての〝陰〟の力は効いてくるだろう。剣振の耳にも入るはずだ。

「まいっちゃいましたよ」

オレは突っ伏したまま答えた。

「おまえ、次の編集長候補なのか？」

やっぱりついてた。尾ひれが。

「違いますよ」

「やっぱりな」

「やっぱりなってのも失礼でしょ」

「で、どうなんだ。実際のところ、アイツは？」

「意外に飲み込みも早いし、賢い子ですよ」

「そうかあ」

端の声はやや不満そうだった。オレから米田廉についての愚痴が聞きたかったのかもしれない。机から顔を上げると、端はなにかの作業を始めていた。

パソコンを見ると、ジェイソン部長からの返事のメールが届いている。明後日の昼過ぎに会えるらしい。これなら茂比寛子より早く会うことができるはずだ。

ただし、ジェイソン部長の内心は十分に探れていない。つまり、〝揣情〟が十分でないのだ。それを自覚しなければいけない。浮田良太と灰田清人などの話から、おおよそ「社長には逆らわない」という〝事〟の持ち主に思えるが、実際にじっくり話してみるまでは決めつけるのも危険だ。例によって、〝疑〟に基づいて動けば失敗の亀裂を生む。

会ったら、〝象比の術〟で一応〝事〟を探り、見えてきたものに応じて〝摩の十法〟から適切なものを選んで動かせばいいだろう。

19 説得とは、相手を助けること

次の日の朝、オレは大山副社長に内線電話をするために、受話器をとった。

そろそろ、並行して、役員会議についても手を打ちはじめなければいけない。部内会議で通っても、役員会議で通らなければそれまでなのだ。

そもそも、結局のところ、本丸である米田喬が息子の企画にどう反応するのか読めないところがある。息子の企画だから受け入れるのか（パーティーでの様子ならばそれもありそうだ）、かたくなに共和系の企画だからとはねつけるのか。

もちろん、米田喬と直接話し、〝事〟を探り、〝摩の術〟で動かすことができればベストだが、現実的じゃない。ヒラ社員のオレでは会って話すきっかけを作ること自体が難しいのだ。

ならば次善の策はなにか[*4]？

ナンバー2である我らが「シャチョウ」こと大山副社長への根回しだろう。大山とならば話せる関係性、つまり〝内ケン〟もあるし、副社長が会議の席で賛成すれば、米田喬もむげに「ノー」とは言いにくいはずだ。

それと、役員会議では剣振編集長にも頑張ってもらわなければいけない。しかし、編集長は話をした限りでは、社長に対してビビり倒しており、のびのびと企画をプレゼンするなんて、とてもじゃないがムリそうだ。

剣振編集長を役員会議で奮闘させるための材料としても、大山への根回しは有効だろう。「大山副社長も必ず味方してくれますよ」と言えば、大山という援軍への信頼感で、剣振も役員会議で奮闘してくれるかもしれない。つまり、〝摩の十法〟のうち〝信〟の言葉で動かすのだ。

大山の内線番号を押す。

「張本です」

「おお。チョウギか、なんだ？」

「ちょっと、お話ししたいことがありまして、少しお時間いただけませんか？」

「おお。じゃ、今から来いよ」

電話を切った。

オレは米田廉の企画書を持つと、七階、つまり最上階にある副社長室に向かうために席を立った。

§

オレは副社長室のドアをノックし、中からの「おう」と言う声を聞いて部屋に入った。

副社長室には、共和書房時代と同じ机、書棚、ソファーなどの応接セットが、一回り狭い面積に同じように配置されていた。入るのははじめてだ。

大山は、ソファーのところに立っていた。

「失礼します」

オレが言うと、

「そこ、座れ」

と自分が立っているのと反対側のソファーにうながした。

「で、なんの話だ」

大山はソファーに身体を預け、腹のあたりで両手を組んだ。立食パーティー以来だが、こんな形で面と向き合うのは、合併後はじめてかもしれない。共和書房時代は、結構あった気がするが。

「ちょっとお願いがありまして」

「おお。なんだ」

そうだった。大山の話は、つねに最短距離を行く。無駄な話はしない。仕事の話ならなおさらだ。オレはこの話しぶりに懐かしい感じがした。

「今度、米田廉君が企画を出すことになりまして」

「ああ。社長に頼まれてたな。まあ、ありゃ、オマエが頼ませたんだな」

大山はそう言うと軽く笑った。

「で、なんだ」

「もし、部内会議で通ったら、よろしくお願いしたいなあ、と」

「『よろしくお願い』って、後押ししろってことだろ。企画書見せてみろ」

話が早い。

オレはせっつかれるようにして、企画書を渡した。大山は企画書を両手で持って、高速で眼球を動かしている。そして企画書を置くと、

「いいじゃないか。米田廉から出すんなら、通るだろ。役員会議では、オレもプッシュしてやるよ」

と、一息に言った。大山は編集部内の状況も全部把握しているのか。じゃあ、なんで今まで沈黙を守っていたのか。

「ありがとうございます」

オレが礼を述べると、大山は笑顔を見せながらも感慨深そうに言った。

「それにしても、オマエが会議の根回しとは。しかも、自分が出ない会議の」

§

オレが編集部に帰ってくると、米田廉が待っていた。

「企画書、書き直しました」

席について、さっそくチェックする。「類書」には、堂々と大ヒットしたアドラー心理

学の本の名前が挙げられ、売り上げ部数が書かれている。っていうか、改めて見ると、ただごとじゃないくらいのヒットだな。この本もこれくらい売れたら、いいなあ。うらやましいなあ。

で、なんだっけ。「企画意図」か。おお、屁理屈の限りを尽くして、この『パウリの見た世界（仮）』が、いかに例の大ヒットしたアドラー心理学の本と「同じ」であり、「後追い」の企画であるかが説かれている。なかなかうまい。帝国系のパクリ本企画でよく見る言い回しばかりだ。それが、本当の「企画意図」であるかどうかは関係ない。ジェイソン部長を賛成させることを考えた場合、こうした理屈自体が必要なのだ。

と言うのも、ジェイソン部長のこれまでの会議での言動を考えるに、「社長に逆らわない」という大きな〝事〟の他に（と言うより、その下のレベルに）、会議の場でのより具体的な〝事〟として、「帝国系の企画以外は通さない」というものがあることは明らか。ならば、この企画に「帝国系の企画である」という理屈づけがなければ、ジェイソン部長も賛成しにくいはずなのだ。少しでも相手が動きやすい状況と言葉を用意して動かす。

人に説いて動かすとは、その相手が動きやすいように助けることなのだ。[*5]

肩をバスバス叩かれた。

「チョウギさん、チョウギさん。ボーッとしてないで、なんか言ってください」

「あ、ああ。いいね。これで大丈夫だ」

「ありがとうございます」

おうし。あとは、ジェイソン部長と会って話すだけだ。つうか、今叩かれた肩がいてえ。

「肩がいてえ」

「五十肩ですか」

「オレはまだ三十前だ。おめえが馬鹿力で叩いたからだろ」

「そんな叩いてないですよ。身体弱いんじゃないですか？　チョウギさん、いかにも偏食っぽいし」

米田廉が笑いながら言った。昼食のチーズピラフも、そろそろやめた方がいいのかもしれない。

20 〝摩の十法〟実践編
――相手の心に合わせた言葉で揺さぶる

指定された時間に営業部に行くと、ジェイソン部長は奥の席で待っていた。営業部の人間は大多数が出払っていた。ジェイソンはオレの姿を認めると立ち上がった。ジェイソンの身長は、百七十センチちょっとのオレよりだいぶ高い。米田廉ほどじゃないが。

「ちょっと外で話しましょうかぁ」

ジェイソンが言った。

§

目の前に座ったジェイソン部長は、見れば見るほどアメリカ人だった。当たり前か。しかし、この金髪かつ青い目の男、ジェイソン・リーはどんな経緯で帝国パブリッシャーズという日本の出版社に入り、営業部長をやっているのだろう。

あれだな。ちょっとトム・クルーズに似てんな。ブルーのスーツに白いシャツ、赤いネクタイ。そう言えば、立食パーティーのときもこういう派手な格好をしていた。

それにしても、洒落た喫茶店だ。カウンターにある棚にはいろいろな酒瓶も並んでいる。夜にはバーになるのか。こんな店、銀保町にあったんだな。

「いやいやいや、張本氏。どういった用件ですか？」

うお。日本語の発音は完璧だが、なんか粘っこい。コントに出てくる業界人のしゃべり方だ。顔と一切合ってない。こいつ、こんなしゃべり方だったのか。とりあえず用件を話す前に、軽い〝反覆〟で様子を見てみるか。

「パーティー以来ですね」

「いやぁ。私も社長とばかり話をしてしまって。張本氏とはあまりお話しできませんでしたねぇ」

社長との親密さをアピールしてるんかな。

「そうですね。で、あのとき社長にお話ししたんですが」

「そう言えば話をしてましたねぇ」

「米田廉君が企画を出すことになりまして。社長に頼まれた手前、オレも微力ながら米田君の企画をサポートしてるんです」

それを聞いたジェイソンに、一瞬の半分ほど言葉を飲んだ様子が見えた。

「なるほどぉ」

ジェイソンは明らかにこちらがなにを言い出すか見ている。このとっさの反応。どうやら、ジェイソンの〝事〟はやはり「社長には逆らわない」というもののようだ。ならば、米田廉から企画を出すという事実、そして、オレが米田社長から「息子を頼む」という言質を得ている事実、この二つがある時点で基本的にオレの勝ちは動かないはず。あとは丁寧に〝反覆〟し、ジェイソンから了承の言葉を引き出すだけだ。

オレはさらに、揺さぶりをかける〝反〟をぶつけた。

「今回の企画は、米田君がはじめて出す企画で、社長もどうやら期待しているみたいなんですね」

オレは心の中で「※個人の感想です」という注意書きをつけた。あくまで、オレがパーティーのときの社長との会話から感じたことだ。ウソではない。個人の内心は〝陰〟。相手からは見えない。これも〝陰〟の利用法だ。

「それで私になにを……？」

「単刀直入に言えば、企画を応援していただけないかと」

「うーん。どんな企画なんですぅ？」

ジェイソンは、あからさまに怪訝そうな、困惑したような雰囲気を出した。

オレは、カバンから米田廉の企画書を取り出してジェイソンに手渡した。ジェイソンがじっと読みはじめる。そして、しばらくうなってから、口を開いた。

「類書は、アドラーのあの本ですかぁ。内容的にはどのくらい重なるんですぅ？」

「一般に浸透してない心理学をわかりやすく解説するという意味では、かなり重なると思いますが」

「うーん。アドラーの本を出すわけにはいかないんですかぁ？」

それじゃ意味ねえだろ、バカヤロウ！　オレは瞬間的にイラッとしたが、ある程度想定していた受け答えだったこともあり、すぐに落ち着いた。

ジェイソンとしては、米田廉から出される企画が従来通りの「帝国系」のものであれば、波風も立たず八方丸く収まる。茂木寛子との連携とも矛盾しない。それを望むのは当然だろう。目の前のジェイソンは、自分が社長の息子から出される「共和系」の企画に賛同することによって、どんな影響が出てくるのか、頭の中で必死に計算しているのかもしれない。

そこで、まずは〝摩の十法〟のうち、正論で動かす〝正〟を試してみる。

「ユングって、心理学ではアドラー以上のビッグネームなんですが、どうも彼の考えた心理学の中身ってのは、一般に浸透していないんですよね。この著者の花金錬太郎っていう人は、日本でこそ知る人ぞ知るって感じの人ですが、ユング心理学の研究者としては世界的なビッグネームです。彼がわかりやすく書いた本というだけで……。原稿は廉君から読ませてもらいましたけど、わかりやすさは保証します。そうした本を出すというのは、やはり意義もありますし、心理学への関心も深まっている今、マーケティングとしても有望なんじゃないでしょうか」

それを聞いたジェイソンはまだうなっている。まあ、こういう正論による説得がそれほ

ど効果的でないのもわかっていたこと。そこで、それをステップにして、喜ばして動かす〝喜〟だ。

「こういう意義のある本を出せるのって、実は、営業が強いウチのような会社じゃないかと思うんですよ。他の版元と比べたときに、どう客観的に見てもウチの営業は強い」

そう言ったオレの言葉に、ジェイソンは明らかに一瞬照れくさそうな笑顔を見せた。オレはさらに言葉を重ねた。

「こういう本が売れるのって、営業が強いウチぐらいしかないいんじゃないか、っていうのが廉君の認識なんです。そこで営業部長のご指導をいただきながら、ぜひ世に出したいな、と」

あくまで米田廉の企画であることを、これでもかと強調する。ジェイソンは明らかに揺らいでいる様子だ。

「社長はなんて言ってるんですぅ？」

そこまで単刀直入に気にするか。まあ、これに関しても理屈は準備してる。話す前の〝陰〟の備えを重んじる『鬼谷子』の術の使い手としては、当然のことだ。

「部長に相談する前に、頭越しに社長に相談するのも失礼かと思いまして。ただ、たまたま副社長とは会う機会がありまして、応援してくれることになっています」

「フクシャは了承してるんですか……」

意外に大山の了承という事実には効き目があったようだ。さて、最後に目玉を出すか。さあ、お立ち会い、ってヤツだな。

「あと、これは企画書には書いてないんですが、南郷継春がオビに推薦コメント書いてくれますよ。あとサイトでも取り上げてくれます」

「え？　あの人はそういうことしないでしょう？」

「いや、特別なツテがありまして」

「それはスゴい！」

ジェイソンが驚いている。驚くのもムリはない。南郷は、自分で書評サイトをやっていることもあり、本を見る目が非常に厳しい。簡単に他の新刊本のオビに推薦コメントを書いたりはしないし、ましてや頼まれてサイトに書評を載せたりはしないのだ。

しかし、オレは南郷から確約をもらっていた。

端センパイの読んでいた新聞から、「南郷引退」のニュースを知ったとき、急に南郷にオビや書評を書いてもらうことを思い立って、孫田に電話をしたのだ。あの日、〈クロスロード〉で出会い、オレをじいさんに会わせた男。孫田なら南郷を動かせるはず。そう考えたオレが、もらった名刺の番号（メールアドレスはなかった）に電話をかけると、孫田本人が直接出た。事情を話すと、孫田は即座に話を理解し、南郷のメールアドレスをオレに教え、原稿を添付ファイルで送るよう指示した。そして、次の日届いたそのメールへの南郷の返事は、すでに、オビの推薦文とサイトで取り上げることの確約メールだったのだ。孫田がどうやって南郷を説得したのかは、わからない。オレの頼みを二つ返事で聞き入れた孫田の狙いもわからない。だが、少なくとも孫田がオレの邪魔をしたところで、メリットもないはず。ここに〝謀〟の亀裂はないはずだ。

とにかく、オレにとって大切なのは　この事実があれば、ジェイソンも営業部長として賛成しやすいということだ。

「わかりましたよ。今アドラーもブームですしぃ。マーケティング的にも問題ないでしょう」

ジェイソンは、企画書にある米田廉が熱筆した「企画意図」の理屈に乗っかったようだ。

「ありがとうございます」

オレは頭を下げた。お互い出てきたコーヒーにまったく手をつけていないことに気がついた。とにかく、オレは茂比寛子を出し抜いて、ジェイソンを動かすことに成功した。これで、仕掛けはそろった。

§

オレは、会社に帰ると『三分で恋人ができる！　熱血恋愛力教室』の校了紙のチェックを始めた。この仕事ももう終わりに近づいてきた。手がかかった。まったく。

オレが作業をしていると、茂比寛子が「ちょっと出てきます」と言って編集部を出て行った。ホワイトボードを見ると、「営業部」と書いてある。例の企画会議前の口裏合わせに行ったのだろう。ほとんどオレと入れ違いのタイミングだ。ギリギリ。危なかった。だが、すでにジェイソン部長は動かしている。すでに、先手をとってあるのだ。

しかし、オレの心中の片隅には漠然とした不安が湧き起こっていた。なにか間違った気がする。なぜかそんな思いが消えなかった。

第6章

誰が動かしているのか、知られずに去れ

会議が始まる。
しかし、現実とはつねに思い通りにはいかない。
そんな状況すら利用する鬼谷子の術の奥義〝転円〟の教えとは？
チョウギの修行の成果が試される。

21『鬼谷子』の教えるプレゼン四つのルール

米田廉が店内を見渡して感心していた。デカい身体は、ほぼ二席を占有している。

「チョウギさん、こんな洒落た店でコーヒーとか飲んでるんですね」

「まあな」

オレは、十年来の行きつけででもあるかのように返事をした。

オレは米田廉を喫茶店〈パープル・クラウン〉に連れてきていた。ジェイソンがオレを連れてきた店だ。帰りに、せっかくだから店名と道順を覚えておいたのだ。こうした店に連れてくることで、若干、後輩に対する威厳のようなものを見せようとした感は否めない。

このデカイ坊っちゃんは、企画会議の前日になって、急に不安になったらしく、オレにプレゼンのやり方を教えてくれと頼んできた。結果的にはよかった。オレはなぜか米田廉にプレゼンのやり方自体を丸投げしていたのだ。考えてみれば、危ないところだった。

ウチの部内企画会議は、事前通告なし、出したい企画のある人間がいきなり企画書を配って、その場のプレゼンで一発勝負。つまり、基本的にはプレゼンのやり方次第というところがあるのだ。このプレゼンの中身に気が回らなかったというのは、考えてみればヤバイ見落としだった。オレも焦りがあるというか、いっぱいいっぱいなのかもしれない。

「なんかオススメのコーヒーあるんですか？」

メニューを見ると、グアテマラがエメラルドマウンテンでモカ・マタリだなんだとやたら多くの種類が並んでいる。むう。ジェイソン部長と来たときは、ジェイソン部長と同じものを頼んで、適当にお茶を濁したのだ。お茶じゃなくてコーヒーだが。

「まあ、好きなのを頼んだらいいよ。こういうのはフィーリングが大事だから」

オレは平静を装った。いや、〈トロールパーク〉にしておけばよかった。

「そうですか」

米田廉がメニューを指さして「これください」と、店員に注文した。

オレはメニューを見て、賭けに出た。

「オレはパナマ・ママカタ・ティピカのアイスコーヒー」

「お客様、当店のパナマ・ママカタ・ティピカは浅煎りですので、アイスコーヒーにするのはおすすめしていません」

賭けに負けた。店員が申し訳なさそうにしている。米田廉がニヤニヤしている。

「じゃあ、ホットで」

オレの声色は沸き上がる恥を押さえつけて、不自然に憮然とした。カウンターに店員の姿を見送って、米田廉が愉快そうに言った。

「チョウギさん、クソダサイですね」

「うるせえ！」

「失敬」

米田廉が頭をかいてみせた。

§

オレは『鬼谷子』に書かれた王に策を説く方法を現代風にアレンジして、企画会議のプレゼンの仕方を説明することにした。オレもじいさんから、これを聞いたときに「なるほど」と思ったからだ。

「プレゼンの仕方以前の問題として企画の中身がいい必要がある。話し方よりなにを話すか。当たり前だよな。まあ、今回、これはクリアしてる。ってことでいいよな」

「そうですね」

米田廉は急に真面目な様子になって神妙にうなずいた。

「じゃあ、プレゼンの基本に入るわけだけど、まず大前提。うまいプレゼンってものについて、なにか華麗な話術で相手を煙に巻いて、意図に反してイエスと言わせるようなものをイメージしがちだけど、これは違う。場当たり的にイエスと言わせたところで、そういう方法はあとに禍根を残す。トラブルの元だ」

「そうですね」

「うまいプレゼンってのは、相手がイエスと言いやすい環境を整えて、相手がすすんでイエスと言いたくなるようなものを言う。『説いて動かす』というのは、『動きやすいように助ける』ことなんだ」

「なるほど。あ、ありがとうございます」

米田廉のコーヒーが来た。

「あ、どうも」

オレのコーヒーも来た。飲む。うまい。気がする。米田廉もコーヒーを飲む。この店の高そうなカップがえらく小さく見えるが、なんかサマになってるな。考えてみれば、社長の御曹司ってやつだもんな。こういう洒落た店や高級店ってヤツにも慣れているのかもしれない。

「で、プレゼンには四つのルールがある。まあ、万事、説得やら議論では、この四つが大事になるわけだけど」

　米田廉がノートを開いた。

「まず**一つ目、プラス材料を大きく語り、マイナス材料は小さく語ること**」

「はい」

「例えば、今度の企画で言えば、『今、巷は心理学ブームである』っていうのは、企画を通す上でプラス材料、『著者は日本では無名である』というのはマイナス材料だ」

「それがマイナスってのもおかしい話ですけど」

「もちろん。ただ、この場合のプラス、マイナスっていうのは、あくまで相手にとってのものだ。動かさなきゃいけないのは相手だからな」

「はい」

「で、ここでプラスがマイナスより目立つように表現するっていうのが第一のルールだ。例えば、これは日本語のレトリックの基本だけど、プラス材料は後ろに置く。『今、心理学ブームではあるが、本企画の著者は日本で無名である』じゃ印象はマイナスだが、プラス材料を後ろに置いて『本企画の著者は日本で無名ではあるが、今、巷は心理学ブームである』と言えば印象はプラス寄りになるわけだ」

　米田廉は熱心にメモをとっている。

「なるほど。他になんかありますか」

「他にか……。あとはマイナスよりプラスを詳細に語る。回数も多く触れる。プレゼン全体の結論もプラスで締めること、くらいかな。まあ、他にもいくらでもあるんだろうけど。なにしろ、言葉の表現なんて無限に工夫のしようがあるからね」

「たしかに、文学史なんていうのはその歴史ですからね」

米田廉は言った。こういう切り返しに、本好きのセンスを感じる。

「次に**ルールその二。相手とのやりとりでは、ダラダラ語らず、端的な言葉で素早く応じること**」

「たしかに議論で答えに詰まったり、要領を得ないことをダラダラ言ってる姿ってのは、それだけで『負けてる』感がありますよね」

「だろ。だからこそ、どんな質問が来てもキレた言葉で返せるように準備が必要になる。場合によっては、わざと言い分にスキを作って質問を誘うなんてテクニックもある」

「へえ」

「**三つ目は、なにかを主張するときは、事実に基づくこと**」

「根拠をちゃんと言うってことですか」

「もちろん、そういう意味もある。まあ、なにか主張するときに根拠が必要だってのは当たり前の話だけどね。もっと具体的に言えば、データや事例をできるだけ出すこと。例えば、『今、心理学ブームです』と言うのなら、それを裏づけるデータや事例を出すこと。心理学関連の本の売り上げデータを出すとか、どっかの有名人が心理学に興味を持ってるとかいう例を出すとかね」

「そうやって説得力を出すわけですか」

「事実やデータには、相手も反論しにくいからな。こっちの論を強くするためには必須の作業になってくる」

「で、四つ目は？」

「**四つ目は、反論するときは、相手の言い分をよく聞き、スキを逃さないこと**」

「これは、どういうことですか？」

「プレゼンにおいて、プレゼンする側とそれに反対する側、基本的にどっちが有利かわかる？」

米田廉は考えはじめたが、答えは出ないようだ。

「プレゼンする側だよ。反対意見というのは、プレゼンの内容ありきのもので、所詮その場の思いつきだ。とくにウチの企画会議のように、事前通告なしで行われるプレゼンでは、相手の反対意見は事前に準備したものじゃないわけだ」

「たしかにそうですね」

「なら、よく聞けば、反論の余地がある場合がほとんどだろう。避けなきゃいけないのは、言い返そうと必死になって相手の話を聞かないことだ。これをやっちゃうと、しょうもない反対意見にも足をすくわれることになる」

「ああ、わかる気がします」

「だから、反対意見が出てきたら、あわてずに聞くこと。むしろ、相づちや質問でどんどん話をさせること。そうすれば必ずボロが出てくるもんだ。そうしておいてから、落ち着いて反論できるポイントを探ればいい」

この四つは、『鬼谷子』の言う「飾言」、「応対」、「成義」、「難言」という四つの教えだ。『鬼谷子』の術の話し方は、ある意味ここに尽きると言ってもいいもの。だ、そうだ。じいさんによれば。*1

「あの、プラス材料と言えば、南郷継春がオビを書いて、書評サイトで取り上げてくれるんですよね。あれ、すごいプラス材料だと思うんですけど。企画書に書き足しておいた方がいいですか？　それとも口で言いますか？」

どうするか。どちらでもいいような気がするが。ただ、企画書に書くより会議の場で口で言った方が劇的かもしれない。

「書き忘れたってことにして、口で発表するか？　トドメって感じで」

「そうですね。わかりました」

米田廉はそれもノートにメモした。

それにしても、とうとう明日か。

22 入ってくる猫が青いとは限らない

オレは会社を出たあと、気づけば堀船に向かっていた。もちろん、じいさんに会うためだ。どうも不安と緊張が胸から去らない。アドバイスが欲しかった。

会ってみるとじいさんは、いつも通りだった。わかっていたことだが。じいさんは、いつも通り二人分のウーロン茶を湯飲みに注ぐと、一つをオレの前に置き、一つを自分の前に置いた。

「不安そうじゃの。緊張しておるのか」

「いや、なんかどこかで失敗してるんじゃないか、ってどうしても考えちゃうんですよね」

「ほう。なんか、今までは初心者らしからぬ自信満々さじゃったがのう。周りはしっかり動かしたのか」

「動かせたはずです。米田廉から企画を出させることになりましたし、ジェイソン部長も賛成に動かしました。役員会議に備えて、大山副社長の了承も取り付けました。今日、米田廉にはプレゼンのやり方を教えました」

オレはまくし立てた。

「なら万全じゃろ。なにを不安がる」

口調が妙に優しい。それがまた妙に不安感をかき立てた。

じいさんは、急ににやりと笑った。

「そうか。おぬしは意外に才があるな。ボンクラなら、今のようなくだらぬ励ましの言葉でも、それにしがみついて不安をごまかすもんじゃが」

「はあ」

オレがあいまいな返事しかできなかった。ほめられたのか。

「おぬしがどう周りを動かしたのか、具体的に聞かせてみよ」

そこでオレは、じいさんと〈クロスロード〉で会って以来、今までの動き方を詳しく話した。

「かかか。なるほどのう。見事に失敗しておるな」

じいさんは笑った。

「どこに失敗があるんですか？」

「教えぬ」

なんだと。

「なんでですか。教えてくださいよ」

「ぶっちゃけて言えばじゃ」

じいさんは、湯飲みをずびびとやり、こんと置いた。

「どうせ、失敗なんてつねにあるのじゃ。陰陽はつねに変化する。昨日の成功とされた出来事も明日の失敗となる。陰が陽に、円が四角に、吉が凶に、あるいはその反対に、無限に変化していくのが現実じゃ。その中で失敗だけに出会わずに生きるなど、どだい不可能なこと」

「でも、そうした失敗の芽を予測して、つぶしていくのが『鬼谷子』の術なんですよね」

「それは違うぞ。**失敗の芽を予測できないこともある、とまで予測するのが『鬼谷子』の術なのじゃ。何度も言っておるように、陽があれば必ず陰があるのじゃ**」

「じゃあ、どうすれば」

「対処せい。陽を見れば陽に対処し、陰を見れば陰に対処する。形をなくし、周囲の傾きに合わせて、転がる円のように自然に対処する。円が地面の傾きを嘆いて、転がらないなんてことがないように、**『鬼谷子』の術の使い手は、失敗に出合っても嘆くことなく、それに合わせて平然と動くだけなのじゃ。これぞ〝転円〟。『鬼谷子』の奥義じゃ。**おぬしと初めて会ったときにもした話じゃがな」

オレは明日どんな失敗に出合うんだろうか。対処できるんだろうか。っていうか……。

「いや、オレがどんな失敗したのか教えてくださいよ」

「なに、この程度の失敗なら対処できる。もし対処できなかったら、その事実に対処せい。明日、楽しみにしておれ」

あくまで教える気はないらしい。

そう言えば、今日は猫がいない。なぜか、急にそんなことが気になった。

「そう言えば、今日は青い猫がいませんね」

心中そのままのことを口から出した瞬間、一匹の猫が部屋に入ってきた。見たことのない灰色の猫だ。

「入ってくる猫が青いとは限らんぞ」

じいさんは膝に乗った猫をなでながら、そんなことを言った。

23 ピンチのときこそ〝転円〟せよ

部内企画会議は、毎月の中頃。五階にある小会議室でテーブルを囲んで行われる。会議が始まるのは十時。あと五分くらいか。

まだバラバラ人が入ってきている。人が全員そろうのは、大抵直前か直後だ。直後ってのはどうかと思うが。

オレは、すでに中央に座っている剣振編集長から近い位置に座を占めた。隣には米田廉がいる。緊張した様子で人数分コピーした企画書をガサガサといじくり回したり、ノートに書いてきたプレゼン用の読み原稿だろうか、それを何度も確認したりしている。

剣振は、明らかにそんな米田廉の様子をちらちらと横目、いやもっとあからさまに気にしている。米田廉から企画が出されることは、愛媛が言いふらしているから、さすがに気づいているだろう。例のパーティーで社長とオレが話しているのも聞いているし、実際にオレが米田廉の企画を「社長の指示で」手伝っていたことも何らかの形で知っていたはずだ。

確認しよう。

剣振は社長とその息子である米田廉を明らかに恐れている。社長公認の米田廉の企画なんてものが出されれば、オレが手伝っているという事実はあるにせよ、企画採用に動くはずだ。というより、八割方、いや、こういう根拠もない数字で考えるのはよくないか。大方、すでに採用するつもりでいるだろう。しかし、ただ一つ、茂比寛子が激しく反対した場合、どう動くかは読めない。剣振は茂比のことも恐れているからだ。

ただ、それにも手は打ってある。茂比寛子の反対は、毎回ジェイソン部長の意見に乗っかる形で行われる。しかし、今回はジェイソン部長が賛成に回るよう、すでに動かしてあるわけだ。さすがに営業部長が賛成すれば、茂比一人が反対したところで、剣振もそれに乗ったりはしないだろう。

うん。大丈夫だ。そのはずだ。あとは見ていればいい。**「知恵は人に知られないところに使い、能力は人に見られないところに用いる」**[*2]。**これが『鬼谷子』の教えだ。**頑張りどころはすでに終わっている。あとは、オレがなにも言わなくても、企画は通るはずだ。

「なに緊張してんだよ。落ち着けよ」

米田廉に声をかけた。実は自分に言ったのかもしれないが。米田廉は「はい」と小さな声で言いながら、まだノートを確認している。

だいぶ人がそろってきた。

茂比寛子が会議室に入ってきた。茂比はすっすと歩き続け、なんのためらいもなく、空いていたオレの正面の席に座った。むう。上から見れば、剣振と茂比とオレの座っている位置関係は、ちょうど正三角形になっている。

目の前の茂比と一瞬目があった。

ジェイソンはまだ来ていない。

§

会議の開始が遅れている。

ジェイソンの来るのが遅れているからだ。オレはイヤな予感がしはじめた。

しばらくすると、見慣れない灰色のスーツを着た男が入ってきた。

「今日はちょっと事情がありまして、ジェイソン部長は会議に出席できません。私が代理ということで来たのですが」

そう男が剣振に言った。まったく想定していなかった。その後行われた、その男と剣振との簡単なやりとりによれば、男は岩瀬と言い、営業部の人間で副部長かなにからしい。

そう言えば、どこかで見た気がする。年はオレより少し上くらいか。副部長にしちゃ若いな。いずれにせよ、これは、まずい。

目の前の茂比は、その話を聞いても一切表情を変えず、机の上に置かれたノートに目を落としている。

なんだ。なにがあったんだ。いや、今考えるべきは……。ジェイソンの賛成意見がない中で、この場がどう動いていくか。それに対してどう動くかだろう。

「ちょっと落ち着いてきました」

米田廉が言う。「いや、オマエはわかってないだろうが、今、非常にマズい状況なんだぞ」などと言うわけにもいかない。落ち着いてきた米田廉が、また緊張のどん底にたたき落とされるだけだ。これは、オレが対処しなければいけないことだ。

「じゃあ、そろそろ会議を始めます。こちらは、営業部副部長の岩瀬さんです。今日は急遽、ジェイソン部長の代わりに出席していただきます」

そう紹介された岩瀬は頭を下げて、

「営業部副部長の岩瀬《いわせ》多聞《たもん》です」

とフルネームを名乗った。

つづいて、すぐに剣振編集長が口を開いた。

「では、企画がある人」

オレは隣で手を挙げそうになった米田廉に耳打ちした。

「まだ。最後に」

岩瀬がこの会議にどういう影響を与えるのか、どういう人間なのか見ておきたかった。つまり、〝量権〟と〝揣情〟。極めて不十分にしかできないが。それでも、それもしないで突撃して、ここまで仕込んだ謀をフイにはできない。オレはじいさんの言う〝転円〟とはなにか、ハッキリとはわかっていないが、仮に、それが現実を全部受け止めて、柔軟に対処することなのだとすれば、この場で起きていることを見極め、オレのできることをやっていくしかないのだ。

企画書が配られ、他の人間のプレゼンが始まった。岩瀬はあまり発言しない。急遽の代理で本人も困惑しているような雰囲気がある。ジェイソンはなぜ来なかったのか。いや、それを考えても意味はない。少なくとも今は。

その後、何人かのプレゼンが終わり、採用されたりされなかったりした。岩瀬という副部長は、ほとんど発言しなかった。表情から見ると遠慮しているのだろうか。剣振もあまり話を振らない。

ちなみに、端センパイが懲りずに出した企画は、普通に茂比寛子の反対意見からの剣振

のつれない返事という普段通りの黄金パターンで玉砕した。これはジェイソンがいなくても変わらなかった。それにしても、目の前の茂比寛子は企画を出さない。ジェイソンがいないから、出すのをやめたのか。

そろそろ最後の一人か。米田廉が手を挙げた。

§

米田廉は、プラスを大きくマイナスを小さく表現する「飾言」、データや事実に基づく「成義」という教えに従って、この『パウリの見た世界（仮）』という企画の魅力をプレゼンした。

何度もリハーサルしたのだろう。

著者の花金錬太郎がいかに海外でビッグネームであるか、ユングの解説書としていかにわかりやすく斬新であるか、そして、アドラー本で火のついた心理学ブームの今ならば、マーケティングの面からも有利であることを流ちょうにプレゼンした。よく聞けば、ところどころ声は震えていたが、全体としては上出来以外のなにものでもない。その証拠に、聞いている人間からはかなり説得されたような雰囲気を感じる。剣振もさかんにうなずいて見せている。

そして、一通りプレゼンが終わると、質疑応答に入った。

って、え？　一番のウリの南郷継春の話してねえじゃんか。緊張で忘れてるぞ、コイツ。こんなことなら企画書に書かせればよかったか。ヘンな小細工しなけりゃよかった。

数人の出席者から、質問が飛んだが、想定を超えるようなものはなく、米田廉も「応対」の教えに従って、答えに詰まることなく、いいリズムでパンパン端的に答えている。この分なら、南郷継春のことを忘れるというアクシデントはあったが、いけそうだ。

そう思った矢先、目の前の茂比寛子が挙手した。

「花金先生の過去の著書っていうのは売れているんですか？」

花金錬太郎は過去に著書が数冊あるが売れていない。学術系の出版社から出された論文集のような少部数の専門書ばかりだからだ。企画書にも、一応データは添付してあるが、米田廉はプレゼンでは触れていない。茂比はあえてそこをついてきた。米田廉が答える。

「それは、企画書に添付したデータの通りですが、過去の専門書と今回の一般向けの入門書では性質が違います。参考にはならないと思いますが」

「売れてないみたいですね」

「専門書ですからね」

米田廉も一歩も引かない。大したもんだ。

「わかりました。では、アドラーが売れているから、ユングも売れるっていう根拠は？」

「そうですね……」

米田廉は考えている。

「僕が思うに心理学が流行っているのは、『人生がなぜつらいのか』っていう疑問について、宗教ではなく、心理学という科学が答えているからだと思うんです。日本人は宗教にアレルギーがありますから。アドラーはその疑問に『優越欲』と『劣等感』の関係から説明したんですよね」

「そうですね」

茂比が米田廉の目をまっすぐに見ながら相づちを打つ。ずいぶん堂に入った相づちだ。心理学詳しいのか。例の流行った本に書いてあったのか。

「で、それを扱った本が売れたのは、本の作りもありますが、『優越欲』と『劣等感』という概念が身近でわかりやすかったからだと思うんです。それで、今回の企画ですが、企画書を見てもらえればわかりますが、ユングは人生を『自己実現』という概念で説明しています。これも、アドラーに負けないぐらいわかりやすい考え方です。ユングの使う『外向的』、『内向的』って言葉も、今では普通に使われてる身近な言葉ですよね。だからこそ、一般向けに知られれば、アドラー同様に受け入れられるポテンシャルは十分にあると思います」

　それを聞いた茂比がすかさず言葉を返した。

「ユング心理学では、心の根幹について『普遍的無意識』って概念を提唱してますよね。企画書の目次にもありますけど。人間の行動を根本的に束縛するものとして」

「はい」

「この『普遍的無意識』について、オカルトだと批判する人もいますよね。さっきアドラーの本は科学だから受け入れられたって話がありましたけど、ユング心理学にオカルト的なテイストがあるんだとしたら、宗教アレルギーのある日本人には受け入れられないんじゃないですか」

「それは……」

「例えば、『共時性』なんて概念はどうなんですか？　あれは科学なんですか？」

　見るからに、米田廉が押されてしまっている。

　ユング心理学をオカルトと切って捨てるのは暴論だ。そのことは、花金の原稿を読んだ米田廉もわかっているはずなのだが、緊張と茂比の勢いにうまく言葉が出てこないようだ。

一方で、オレは茂比の発言に違和感を持ちはじめていた。いくらなんでも、ユング心理学について詳しすぎる気がする。まるで前もって予習してきたみたいだ。そう言えば、茂比寛子はさっきから持ってきたノートを目で追いながら話してる。おそらくそうだ。実際、茂比は予習してきたのだ。ってことは、茂比寛子は米田廉がこの『パウリの見た世界(仮)』って企画を出すこと、その内容まで前もって知っていたのか。なんでだ。

ここまで考えたときに、オレがここ最近抱えていた漠然とした不安の原因。じいさんの言っていたオレの失敗の正体がハッキリとわかった。

茂比はジェイソンから聞いたのだ。

オレは茂比を出し抜いて、先にジェイソンを動かすことに必死になっていたが、それがそもそも間違いだったのだ。あのとき、茂比より先にジェイソンに会ってはいけなかったのだ。ジェイソンはオレと話したあと、次に来た茂比に、オレが伝えた米田廉の企画内容を話し、「どうすればいいか」などと相談したにちがいない。そして、茂比はそこで聞いた企画内容をもとに、米田廉の企画を撃墜するために準備万端で会議に臨んだのか。ひょっとしたら、ジェイソン部長が欠席したのも、茂比が関係しているのか。

まだ激論は続いている。

「『共時性』だって、体験した人間の心を反映した事実解釈として考えれば、科学的な概念ですよ」

米田廉が共時性の概念を、必死に擁護している。

「そんな主観的な意味に基づいた概念が科学なんですか？」

茂比の反論は見事だ。相当に準備してきたのかもしれない。なぜそこまで、とは思うが、今それは関係ないだろう。議論としてみた場合、米田廉は完全に劣勢だ。

しかし、オレは二人の議論を聞いていて、多少の光明を見出していた。

周りがぽかんとしているからだ。当たり前だ。会社の会議の席でいきなりこんな話を聞かされて、誰が理解できるのか。オレが大学生の女子会に参加して、流行りの化粧品の話を聞かされているのとなんら変わりがない。茂比は準備しすぎて準備にとらわれ、周りの状況に合わせて語る〝転円〟ができていないのだ。

なんとかこの状況を利用し、対処し、つまり〝転円〟し、一気に逆転できないか。

そう言えば、オレの手元には、米田廉が切り忘れたカードが一枚残ってる。そして、そのカードを切る相手は。

オレの頭は、回転の摩擦で磨り減るほどに、会議室の情勢を〝量権〟し、出席者の内面を〝揣情〟しはじめた。

オレは手を挙げた。

先ほどから、困惑の極みといった表情で茂比と米田廉の激論を見ていた剣振編集長が、多少の「救われた」的な表情を見せつつ、オレを指名した。

「ユング心理学が科学なのかオカルトなのか。茂比さんと米田君の話は専門的すぎて、僕にもわからないのですが、おそらく、この企画の内容にはそれだけ語れるものがあるということだと思います。まあ、ユング心理学が、実際に病院の臨床の現場で使われていて、様々な療法も生み出していること、これはたしかなんですけど」

さりげなく米田廉の肩を持っておいた。

「ただ、この本が売れるのかどうか、を考えた場合、マーケティングが大事だと思うんですね」

内容は別にしてマーケティング。帝国の十八番を奪ってやった形だ。多少は痛快だが、今はそれどころではない。とにかく、難しい話にウンザリしている人間を引きつけるには、こういうなじみのある話は効果的だろう。

§

相手を動かしたければ、相手の理屈に従い、相手のわかる話をして自然に動かす。要は、そこなのだ。

「僕はこの米田君の企画を考えるのを、ちょっと手伝わせてもらったんですが、実は米田君の提案で誰か有名人の推薦文がもらえないかって話が出たんですね。で、米田君は企画書に書き忘れてしまったようなんですが……」

ここで、オレは軽く笑って見せた。場の間の空気がゆるんだのを感じた。オレは、会議を通じておとなしくしていた岩瀬営業副部長に向かって言った。

「実は、南郷継春氏からオビに推薦文をもらって、書評サイトで取り上げてもらえることになっているんです。前もって原稿を読んでいただいてですね。で、この内容ならばいいだろう、とOKをもらってるんです」

会議室全体に反応があった。

オレは、とっさの情勢の〝量権〟と出席者への〝揣情〟の結果、岩瀬を動かすのがベストだと判断したのだ。茂比はどうせ動かせない。しかも、岩瀬はおとなしくしているが、なんだかんだで営業部の代表でジェイソンの代理だ。ここからイエスをもらえれば、剣振も茂比も邪険にはできない。

「へえ。あのサイトで取り上げられると、初速つきますよ」

岩瀬が答えた。あまり話も振られず、おとなしくしていた分、意見を言いたくなったというのもあるのかもしれない。沈黙の〝陰〟も極まれば、発言の〝陽〟に転じる。オレは、さらに岩瀬に向かって話を始めた。

「そうですよね。ただ、その売り上げの初速を生かせるのは営業力のある版元だけです。あのサイトで取り上げられて話題になっても、なんの手も打てずチャンスを逃す版元も多い。でもウチは違う。営業力には定評がある。そんなウチの会社ならば、戦略的にこのアドバンテージを生かせると思いますが」

さりげなく営業の力をほめた。ジェイソン部長にも使った、喜ばせて動かす〝摩の十法〟の一つ〝喜〟だ。

「そうですね。もちろん、売り上げの動きを見てからですけど、南郷さんの推薦文を入れた電車の車内広告とかバッンと打ったら、こりゃいけますよ。できれば、南郷さんの写真入りにしたいなあ」

岩瀬が饒舌に営業としての戦略を語った。特徴のない顔だが、口調にはやり手の響きがある。だが、はじめてのことで、企画会議で自分が肯定的に発言することの影響力もあまりわかってないのだろう。

「でも……」

茂比がなにか言おうとしたが、言葉が続かない。南郷継春のことは、あらかじめジェイソンから聞いていなかったのだろうか。

「僕もこの企画は売り上げと言うことを考えても有望だと思うんですが、編集長はどうお考えですか？」

オレはすかさず剣振編集長に話を振った。多少強引だったが。

剣振ははじかれたようにオレの顔を見た。

オレの隣に座った米田廉は、ほとんど剣振の真横にいる。その米田廉が剣振の顔をまっすぐ見ながら言葉を待っている。その視線は、剣振にとって相当な威圧を感じるだろう。だからこそ、オレはこの剣振から近い席に座ったのだ。〝席の位置〟という現実もまた、その場の発言を左右する〝陰〟の要素なのだ。

剣振は、出席者の顔を見渡した。考えているのだろう。そして、もう一度オレの顔を見た。

「……そうですね。わかりました。この企画、役員会議にかけてみます」

米田廉がすかさず礼を言っていた。

勝った。

24 チョウギの犯した〝周密〟の誤りとは？

小会議室から戻ったオレは、自分の席でぼーっとしていた。

憑き物が落ちたというか、肩の荷が下りたというか、それでいて、つっかえ棒を急に外されたような、背骨が抜かれたような、頼りない脱力感に襲われていた。

とりあえず。とりあえずは成功だ。あとちょっとなのだ。あと、役員会議さえ通れば。

だが、今はちょっと脳みそを休ませたい。

「おい！」

誰だ。無視だ。

「おい！」

うるせえなあ。振り返ると、端センパイと浮田が興味津々といった様子で、オレの方を見ている。

「オマエ、ずいぶん簡単に企画通しちまったなあ。なんか、オレらは狐につままれたみたいでよ。いや、狐につまれたってのは古いか」

端センパイはうれしそうだ。浮田も口を開く。

「いやあ、チョウギさんは会議室の魔術師ですね。どこまでが仕組んだことなんですか？」

ずいぶんと単刀直入な質問だな。しかし、考えてみれば、どこまでがオレの仕組んだことだったのか。オレの実感としては、状況に対して〝転円〟しただけだ。

もう一人、後ろに巨大な影が現れた。

「チョウギさん、僕の握手の求めを無視して帰るなんてひどくないですか？」

笑顔の米田廉だ。

「なんか、会議終わったあと、古い映画のゾンビみたいでしたよ。フラフラしてて」

「ああ、それは、ジョージ・A・ロメロとかのゾンビだね」

浮田がよくわからない相づちを打つ。

「ありゃ、名画だな。人間の業《ごう》ってもんを表現してる。ただのスプラッター映画じゃない」

端もその話に乗っかった。そこから、三人は勝手に『ゾンビ』の話で盛り上がりはじめた。っていうか、他の二人はいつのまにか米田廉に対して打ち解けている。さっきの会議がきっかけだろう。

仲良きことは美しきかな。武者小路実篤のように、三人の会話を見守るオレ。今、心身はともに老人的な状態になっていた。

「そう言えば、ゾンビ。じゃなくて、チョウギ」

端センパイが、急にこちらに話しかけてきた。

「あい」

「あい、じゃねえよ。メシ食ったのか、オマエ。オレらはとっくに食ってきたぞ」

時計を見ると、午後一時半。一時間ぐらいぼーっとしていたことになる。

「メシ食ってきます」

オレは立ち上がって、編集部を出た。背中で「アイツ、企画を通すために悪魔に魂でも売ったんじゃないか」、「悪魔と言えば『デアボリカ』って映画ありましたね」、「ありゃ、ヒドい映画だった」なんて会話が聞こえてきたが、無視だ。っていうか、この会社、オレも含めてB級映画好きばかりだったのか。

§

オレは歩きながら、会議で明らかになった自分の失敗を思い出していた。

明らかに『鬼谷子』の言う〝周密〟の〝密〟、つまり秘密のコントロールを誤った。本来であれば、オレは茂比よりあとに、ジェイソンに会うべきだったのだ。そうすれば、茂比に企画が漏れることはなかった。むしろ、逆にオレがジェイソンの口から茂比の出方をうかがうこともできたかもしれないのだ。「**謀において、周密ほど難しいものはない**[*3]」という言葉があるが、まさにしかりだ。

オレが会議において茂比に勝てたのは、準備にとらわれて会議の出席者の反応を見なかった彼女のミスのおかげだ。紙一重だったのだ。

そんなことを考えていると、会社のエントランスでちょうど愛媛れいに会った。手には小さなトートバッグを持っている。

「チョウギ、会議でご活躍だったらしいじゃん」

「なに、愛媛、どっか行くの？」

「これからお昼。チョウギは？」

「オレも昼だよ」

「あ、そう。なんか疲れてそうだから、いい店連れてってあげようか？」

「いい店ってどこよ？」

「あ、エロい店、想像したでしょ？　残念、メシ屋です！」

「想像してねえよ」

「ついてこいや」

§

オレは目の前に座っている愛媛に思わず言った。

「いい店って、〈トロールパーク〉かよ！」

「私、毎日ここだから」

「マジかよ。オレもだよ。端センパイともよく来るし。そのわりには会ったことないな」

「私、普段、一時半から昼休みにしてるから。勝手に」

ちなみに、ウチの会社は十二時半からの一時間が昼休みってことになっている。

「みんなが昼休みで出払ったときが一番仕事がはかどるんだもん」

「それはわかる」

チーズピラフが二つ運ばれてきた。愛媛も毎回チーズピラフを食っているらしい。この店では、こんな溶けたプラスチックをコメにぶっかけたような冒瀆的でおぞましい食い物が、一日につき二皿は注文されていたわけだ。

「いつ食べてもめっちゃおいしいね、これ」

愛媛がチーズピラフをぱくつきながら言う。

オレもチーズピラフを口に運んだ。この物体を「おいしい」と表現できるとは、愛媛は詩人なのかもしれない。

愛媛は話を続けた。

「そう言えば、会議にジェイソン部長いなかったでしょ？」

「ああ、いなかったよ」

「なんでか部長が、自分から会議の前日に社長室に行ったらしいんだけど、そこで米田社長にこっぴどく怒られてたらしいよ。本宮秘書兼愛人の情報だけど」

「で、休んだっての？」

「怒られて体調崩したのか、なんだかわかんないけど、会社自体に来てなかったらしいよ」

どういうことだ。米田廉の企画に賛成すべきか、お伺いを立てたんだろうか。それで結果的に休むことになったというのは、どういうことなのだろう。米田社長が息子の企画を〝陰〟から阻止するために、ジェイソンを休ませたのか。

「あと、本宮さんついでに続報。聞きたい？」

「なんの？」

「営業部の灰田さんが茂比さんに告白したって話の」

「ああ。あったな、そんな話」

「本宮さんが、茂比さん本人から、前のパーティーのとき、聞いたらしいんだけどさ」

「茂比さんと本宮さんって仲いいの？　茂比さんって共和出身者を避けてるイメージがあったんだけど」

「本宮さんは別格よ。女にだってモテるのよ」

なんという参考にならない意見だ。が、まあ本筋とは関係ないからいいや。

「で、灰田さんさ、茂比さんに振られたときに相当ヒドい捨てゼリフ言ったらしいよ」

「へえ。どんな？」

「なんか『オマエなんてくだらねえ本ばっかり作ってるクセに。共和の人間はみんなそう思ってるぞ』みたいな」

「唐突だな。ちょっと、あの人、オカシイんじゃないか」

オレは灰田清人に会ったときの、疲労と屈辱と恨みと逆恨みのないまぜになった雰囲気を思い出していた。確かに、逆上してそういうことを言い出しかねない感じはある。

「で、茂比さん、本宮さんと話したときに、『共和の人がみんなそんな風に自分のこと見てるんなら私にだって考えがある』みたいなこと言ってたらしいの。なんか敵愾《てきがい》心が燃え上がっちゃった感じで」

「なんか、はた迷惑な話だな」

茂比にも、こんな隠された事情、つまり〝陰〟があったということだ。やはり、どんな〝量権〟〝揣情〟も、すべての〝陰〟を〝陽〟にはできない。だからこそ、思わぬ現実にも対処する〝転円〟の姿勢が大事なのだ。

そう言えば、ここのところ、茂比のオレらに対する当たりがいつも以上に強くなっていた。多分、これと関係あるのだろう。会議で米田廉の企画を落とすために、わざわざ入念に準備したのもそういうモチベーションだったんだろうか。企画自体は通ったとはいえ、この茂比の感情自体に解決がないと、いずれ禍根、失敗の芽になるだろう。どうすればいいか。

「チョウギさあ。どうでもいいんだけどさあ」

「なんだよ」

「昼休み、一時半からにしたら」

「オマエが十二時半からにしろよ」

とっさに答えていた。

25 失敗の亀裂をふさいだら、ただちに去れ！

いずれにせよ、役員会議について言えば、できることは多くない。

オレは愛媛との昼飯から帰ると、剣振編集長の席に向かった。気苦労の絶えない、といった疲れ切った雰囲気で作業をしている。現在、相当な量の仕事を抱えているはずだ。先日、茂比に仕事を振ろうとして逆鱗に触れて以来、他人に仕事を振ることにオクテになってしまったのだ。かわいそうに。

そうした状況を利用させてもらおうか。

「編集長」

オレが声をかけると、

「なんだい」

剣振は顔を上げた。生気がない。ゾンビだ。

「あの、担当してた恋愛の企画も名言集のヤツも終わったんで、手伝える仕事あれば振ってもらっていいですよ」

「本当か」

にわかに剣振の顔に血色が戻った。なんか、落盤事故で炭鉱に閉じ込められた人間が、必死に穴を掘り続けて、かすかに差し込む地上の光を目にしたときのような顔だ。

「じゃあさ。じゃあさ」

剣振は、急に机の上の紙束を探りはじめた。

「これと、これ頼むわ」

渡されたのは、二つのゲラ。それぞれ『ビューティー犬猫占い』、『仕事の成功はお辞儀が九割』というタイトルだ。っていうか、たしか端センパイが『できるビジネスマンは雑談が九割』とかいう本担当してたよな。お辞儀と雑談、どっちが九割なんだよ。

「それにしても、編集長。忙しそうですねえ」

オレは剣振が持っているに決まっている「忙しい」という気持ちに同調して話しかけた。オレはこの会話の〝反覆〟の中で、剣振を役員会議でのびのびと弁舌をふるうよう、動かさなければいけない。

「そりゃ、もうさ……」

剣振は苦笑した。ただ、仕事を二本（も！）オレに振ることができたという安堵感で、〝喜〟の状態だろう。それは表情からも読み取れる。

これは、『鬼谷子』的には、当てにならない言葉が出てくる状態の一つだが、同時に動かしやすい状態でもある。オレが、ジェイソンも会議の席での岩瀬も〝喜〟を利用して動かしてきたのは、ご存じの通りだ。って誰がご存じなのか知らないが。

「役員会議とか、大変そうですよね」

オレは「役員会議」というストレートな〝反〟をぶつけた。どんな〝覆〟が返ってくるか。

「米田廉の企画な。どうなんだろうな」

あるのは困惑のみといった、途方に暮れた調子だ。剣振の〝事〟は「社長に逆らわない」だ。この「どうなんだろうな」も、本質的には「社長はどう思うんだろうな」という意味だろう。ここで、オレは剣振のために準備した「現実」、つまり〝陰〟を伝えることにした。

「大丈夫ですよ。あの企画、大山副社長もお気に入りですから」

「え、それ、本当?」

「僕がたまたま大山シャチョウ、じゃなくて副社長に会ったときに見せたら、『役員会議まで上がってきたら、後押ししてやる』って言われたんですよ」

「早く言ってよ、それー」

全身から息が抜けたように、露骨に安心している。さすがに副社長の後押しという「現実」の持つ〝陰〟の力は強いらしい。ちなみに、オレは大山の後押しへの信頼感で動かす、〝信〟による〝摩の術〟を使ったことになる。言うまでもなく〝摩の十法〟の一つだ。

オレはさらにたたみかける。

「それに、ミッツ安川部長っているじゃないですか」

「あ、うん」

ここでオレは声を落とした。

「役員になるらしいですよ」

「え、だって、あんなに社長に楯突いて嫌われてたのに」

「僕も意外なんですけど、社長はきっと率直に意見を言うような直言居士を評価するんですよ」

オレはここで前に愛媛から聞いた話について〝周密〟をコントロールして伝えた。役員になるらしいといううわさは知らしめ、大学でサークル仲間だったことは秘密にしたわけだ。

「なるほどなあ。オレも頑張ってみるかなあ」

剣振は心の声が全部口から出てしまっている。急に仕事の負担が減った〝喜〟で口が滑っているのかもしれない。そうだ。頑張ってくれ。ヘマするなよ。

「じゃあ、この二つの仕事はたしかに」

オレはゲラを抱えると、丁重に辞して席に戻った。

できることはやったはずだ。あとは結果を待つだけだ。

§

オレは剣振から受け取ったゲラの素読みを途中で切り上げ、会社を出るとじいさんのところに向かった。当然、会議の結果報告だ。

じいさんはいつも通りだった。いつも通り二人分のウーロン茶を湯飲みに注ぐと、一つをオレの前に置き、一つを自分の前に置いた。

そして、オレから企画会議の様子、オレが〝周密〟を誤ってピンチに陥ったこと、しかし辛くも成功に終わったことなどを一通り聞くと、湯飲みをずびびとやり、こんと置いた。

「ほう。よかったのう」

じいさんは笑顔を見せた。

「しかしじゃ、失敗の亀裂はいつ入るんじゃったかな?」

オレはすかさず答えた。

「はじめと終わりですね」

「そうじゃ。謀が成功裡に終わらんとする今こそ油断は禁物じゃろうて。いや、もうおぬしならわかっておるかな」

「まだまだですよ。それに役員会議で通るとは限らないでしょう？」

急にじいさんがオレを認めたような言い方をしたことに、なにか予感を覚えて思わず謙遜して打ち消した。

「通ろうと通るまいと同じこと。周囲の状況と人心をはかって対処するだけじゃ」

「〝転円〟」

「そうじゃ。わかっておるではないか」

うれしそうな顔だ。

「『鬼谷子』の術の締めくくりとはいかにあるべきか。今日はこれを教えよう。耳をかっぽじるのじゃ。古今、ここで誤る者こそ最も多い」

じいさんはホワイトボードに図を書きはじめた。

「『鬼谷子』の術の人を動かす手順とは、畢竟《ひっきょう》、図にすればこのようになる。おぬしも、会社の合併や企画が通らない状況という〝変〟から、『共和系の企画を通し会社を変える』という〝事〟を定め、それを実現するために誰をどのように動かすか〝謀〟を練り、〝議〟

の段階で具体的に話す内容を準備し、それから剣振編集長、米田廉やジェイソン、会議の席に〝進〟み出て、言葉を〝説〟いて動かし、今から〝退〟こうとしておるわけじゃ[*4]」

たしかにこの通りに動いてきた。そして、この図によれば、オレも最後の〝退〟の段階まで来たわけだ。

「**『鬼谷子』の術において最も重要なのは、相手を説いて動かしたあとにいかに退くか。つまり、説くことで多少〝陽〟に出てしまった自分の身を、いかに再び〝陰〟に退かせるかなのじゃ。**わしがおぬしとはじめて会ったときにも言ったな。『鬼谷子』の術とは、〝陰〟から人を動かす術だと」

「たしかに、言っていましたし、実際その通りでした」

「だからこそ、いつまでも〝陽〟にいてはいかん。人は謀に成功すると、成功した場所に留まりたくなるもの。愚か者は『あれは自分のやったことだ』と吹聴することすらする。しかし、そこにこそ身を危うくする危険の亀裂が入る。亀裂は川となり、やがて谷を作り、その人間を奈落に突き落とすじゃろう。**相手を動かしたら、すぐにその場を去る。これは『鬼谷子』の術の仕上げとして最も重要なことなのじゃ**[*5]」

「はい。では、どうしましょうか」

「おぬしも亀裂のありかは気づいておるはずじゃ」

『鬼谷子』の説く人を動かす手順

陰　世界や相手の動きを見る【変】

↓

陰　なすべき課題を定める【事】

↓

陰　課題を解決するための策略を練る【謀】

↓

陰　説得の仕方を決める【議】

↓

陽　相手の前に進み出る【進】

↓

陽　実際に相手を言葉で動かす【説】

↓

陰　相手から去る【退】

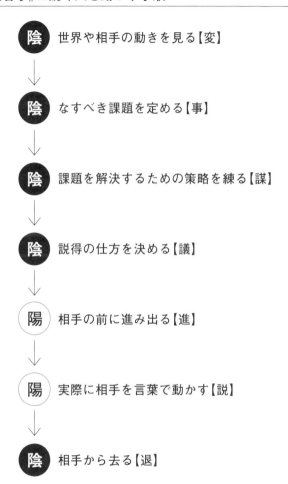

そう言われて、オレは一瞬考えた。いや考えるまでもなかったか。

「茂比寛子ですか？」

「そうじゃ。では、茂比寛子によってできた亀裂とはいかようなものじゃ？」

「オレが企画を通したことに対する反感です。おそらく」

「では、そもそもなぜそんな反感が生まれたのじゃ？」

オレは今度こそ考えた。なぜ反感が生まれたか。そして、オレの見ている現実の根の部分、つまり、そもそもの前提について改めて気づいた。

「帝国出身者と共和出身者の価値観の相違ですか？」

「そうじゃ。そもそもの話、おぬしの勤める会社はそれによって引き裂かれておったのじゃ。おぬしが悩んでおったのも、茂比寛子が悩んでおったのも、端が悩んでおったのも、米田廉が悩んでおったのも、すべてはそこに本質的原因がある。おぬしは、こたび〝退くにあたって、この亀裂の原因ごと手当てしてしまえ」

「でも、どうやって？」

「おぬしが自分で考えるのじゃ。もう考えられるはずじゃ。ここまで来たのじゃからな」

じいさんはどこかいつもより優しいような口調で言った。

§

オレはいつも通り、堀船駅から家に帰った。帰りの電車の中、自分の姿の映る暗い窓を見ながら、ずっと茂比寛子による謀の亀裂、そして、社内にある帝国出身者と共和出身者の価値観の相違を克服する方法を考え続けた。

§

一週間後、米田廉の企画『パウリの見た世界（仮）』は役員会議を通った。

エピローグ　鬼谷子の集い

新宿ＤＣビル四十階。

壇上、「『不幸が僕らを完璧にする』　30万部達成記念パーティー」と書かれた看板の下で、花金錬太郎がマイクを持ってあいさつをしている。その斜め後ろには、担当編集者である米田廉と茂比寛子、剣振編集長と米田社長、それと南郷継春が座っている。

オレはその様子を少し離れたテーブル席でビールを飲みながら見ていた。同じ席には、端センパイや浮田良太もいる。

「それにしても、オマエがこの企画の担当者に茂比寛子を推したって聞いたときはビックリしたな」

端センパイが言った。その言葉にうなずいた浮田良太も続いた。

「わざわざ編集長に頼みに行ったんですよね。なんで、手を引いちゃったんですか？　そう言えば、ハッキリした理由も聞いてない気がするんですけど」

「いや。別に深い理由はないよ。ちょうどあの時期、編集長から二本も仕事振られて忙しかったしさ。それに、あれは基本的には廉の企画だし、手伝うにしても心理学に詳しい人の方がいいだろ」

「たしかに、会議の席で茂比さん、専門的な大激論を米田君と交わしてましたもんね」

浮田の言葉に、端センパイもグラスを手に取りながらうなずいた。

「いや。茂比があんなに心理学に詳しいとは思わなかった。普通、とっさにあんな知識を披露できないぜ。多少見直したな」

「でしょ？　だから、あのときに適任者だなあ、なんて思ったわけですよ」

オレは、役員会議で『パウリの見た世界（仮）』の企画が通ると、すかさず剣振編集長に制作段階のサポートは、自分より心理学に詳しい茂比寛子に任せたい旨を申し出た。さらに、茂比寛子にも頭を下げてお願いし、この企画からは手を引いた。これがオレの考えた〝退〟のための謀だった。

米田廉と茂比寛子が奮闘して作り上げた本は、書名を『不幸が僕らを完璧にする』に変え、共和系の重厚な内容と帝国系のポップな見せ方が融合した素晴らしいものになった。茂比寛子も内容に手を入れることは最小限にしつつ（内容を大きく変えれば、南郷継春の推薦がなくなるかもしれないからだ）、自分の培ってきた読者にわかりやすく届けるためのノウハウを一心に注ぎ込んだらしい。これは読んだからわかる。米田廉も茂比寛子にしごかれつつ、本作りというものに必死に食らいついていたようだ。

結果として、『不幸が僕らを完璧にする』は、半年で三十万部という、一般にも話題となるようなメガヒットとなった。茂比寛子、米田廉、剣振編集長には、社長賞として特別ボーナスも出た。

その後、「共和系の内容に帝国的な見せ方と宣伝戦略」という企画は、すっかり社内でのスタンダードになった。

その証拠というわけでもないが、端センパイの出すカタイ内容の企画も、作り方と売り方を工夫するという条件で通るようになった。そのせいか、最近の端センパイは上機嫌だ。やけ酒が祝い酒に変わり、あいかわらず盛んに飲んでいる。そして、浮田も、ちゃっかり「前々から出してみたかった」と称して、共和で扱っていたような題材の本を企画会議に上げるようになった。

壇上では、米田廉の照れたような誇らしいような様子のスピーチ、茂比寛子の意外にも目に涙をためた感謝のスピーチ、南郷継春のスキのないスマートなスピーチ、剣振編集長の得意絶頂のスピーチ、最後に米田社長が堅実な締めのスピーチをして、一連の「スピーチ・コーナー」も終わった。

結局、オレのことは少し花金が触れただけで、あとは出なかった。出ないように仕込んでおいたのだ。

その後、「あとはご歓談を」ということになって、オレが端センパイと浮田と三人で映画にまつわるバカ話でご歓談していると、大山がテーブルまで来て、声をかけてきた。

「チョウギ、このあと、空いてるか？」

§

パーティーが終わると、オレは大山を待つため、一階の広いロビーの片隅のソファーに座った。

ガラス越しの夜の景色を見ながら、いつのまにか、じいさんのことを思い出していた。

孫田に言われるがままに会った堀船の古びた古書店の店主。結局誰だったんだろう。

役員会議で企画の採用が最終決定されたあの日。オレがいつも通りホリフネ会館を訪ねると、じいさんのいた三階の一室はすでにもぬけの殻となっていた。まるではじめからいなかったように、なんの痕跡もなかった。他の階のテナントの人間に聞いても、あのじいさんについてなにも要領を得た話は聞けなかった。

結局、オレはあのじいさんの名前も知らなかったわけだ。別れのあいさつもなにもなかった。それも『鬼谷子』の術のうちなのだろうか。

オレは、カバンからじいさんからもらった『鬼谷子』の本を取り出した。付箋やら書き込みがたくさんある。オレはじいさんが消えてから、漢文の参考書なんかを頼りに、自分なりにこの本を読むようになっていた。『鬼谷子』。著者の名もまた鬼谷子と言う。その経歴はまったく不詳だが、一説には雲夢《うんぼう》山という山に棲んでいた仙人だと言う。

「チョウギ。待ったか？」

座っているオレの目の前に大山が現れた。オレは本をカバンにしまった。大山の後ろには米田社長、それとなんと孫田がいる。どういうことだ。

「オマエの行きつけに行こうじゃないか。慰労会だ」

大山がにやりとした調子で言った。

§

「オレの行きつけでもある」

大山がスツールに腰を下ろすと言った。

銀保町の〈クロスロード〉。目の前にはマスターがいる。

「大山さん、いつもお世話になってます」

マスターが笑いながら言った。

「マスター。オレのボトル。みんなに」

「あ、ワシはオレンジジュース」

米田が言った。

マスターは大山のものらしきボトルを棚から出した。どこかで見たボトルだ。

「おお。スーパーノヴァですか」

孫田が感心している。

「電話で言われた通り、あのじいさんに飲ませておきましたけど、『うまくない』って言ってましたよ」

マスターがそんなことを言いながら、それぞれの前にショットグラスを置き、スーパーノヴァを注いだ。オレに注ぐときマスターは、

「おめえにはもったいない酒だがな」

と相変わらずの憎まれ口を叩いた。それを聞いた大山が笑った。つまり、あのときじいさんが湯飲みで飲んでいた、あの酒か。

「とりあえず、チョウギ、よく頑張った。乾杯だ」

大山がショットグラスを掲げた。それに合わせて皆がグラスを掲げ、一気に飲んだ。たき火を口につっ込まれたような煙ったいすごい味の酒だ。胸も焼ける。

オレは酒を飲み込み終えると、ふうと一息吐いた。妙にリラックスして、人心地ついた気分になった。いやいや。頑張ったってなにを？　急にオレの頭の中に疑問符が湧き起こり、真っ黒になって思考停止状態となった。

「なにがなんだか」

オレは脳内の混乱を素直に口にした。大山が答えた。

「オレは三十年来の老師の弟子だ。ここにいる孫田もな」

「ろ、え？　その老師って誰ですか？」

「わかるだろ。あの堀船にいたじいさんだ」

§

「米田社長は悩んでおられたわけだ」

オレの脳内の混乱をよそに、大山は単刀直入に話しはじめた。いつもの調子だ。

「そもそも、帝国パブリッシャーズが共和書房と合併したのは、共和の企画力に帝国の営業力が合わされば、死に体の出版業界の中でも、有意義な相乗効果があるんじゃないかと思ってのことだ。ここにまったくウソはない。なにか、帝国がウチのラインナップの電子化権を得るために合併したなんて話があるらしいが、的外れも甚だしい」

米田社長が苦笑した。そして、口を開いた。

「たしかに共和の持つそうした過去の定番ラインナップは電子書籍時代を生き残るための武器にはなるよ。だが、それだけにしがみついて、生き残れるほど今の業界は甘くない。ストックに頼るだけで、時代に応じた内容のある本を作り出せないんじゃ、先は見えてるだろう。ワシだって時代の潮目はわかってる。これからは、むしろ共和書房が作っていたような、普遍的な価値観を丁寧な編集で読者に提供するような本こそが求められはじめるだろう。手軽な、いわゆる『情報』なんてものはネットにいくらでもあるんだから。だからこそ、ワシは大山社長からお話をいただいたときに、ありがたく思って合併に踏み切ったんだ」

「え、合併って、シャチョウから持ちかけた話だったんですか？」

オレが大山の方を見ると、大山が答えた。

「その方がいいと思ってな」

合併は、大山が米田を動かしてやったことだったのか。

米田が話を続ける。

「だが、社員はわかってくれなかった。元はと言えば、ワシが悪いんだが。ご存知の通り、帝国パブリッシャーズは、市場の求めるものを確実に送り出すマーケット・インという手法をとってきた。このとき大切なのがスピード感なんだ。読者の求めるものは刻一刻と変わるからね。だからこそ、ワシは社内の以心伝心を重んじた。お互いの言いたいことを察して、先回りしてどんどん動く。だがこれが、いきすぎてしまった。いつのまにか社員はワシの言葉の裏を読むようになり、ついにはワシの思ってもいない『真意』を汲んで勝手に動くようになってしまっていたんだ」

米田社長は〝陰〟から空気で人を動かしていたのではなかった。むしろ、社員と健全にコミュニケーションをするための関係性、つまり、〝内ケン〟を失っていたのだ。

「合併したときにワシは本当に、心の底から共和の本作りと帝国の営業戦略の融合を実現したいと思っていた。だからこそ、大山さんとも話して、編集長に共和出身者をすえ、会議に帝国出身の営業部長を参加させる仕組みを作ったんだ。だが、帝国出身の社員はそれをまた妙に勘繰った。その結果、役員会議に上がってくる企画は前の会社と変わらないものばかり。ワシがそのことを責めても、縮こまるばかりでまったく部下たちは耳を貸さない。そのうち、帝国出身者と共和出身者の間にも深刻な溝ができてしまった。そこで大山副社長に相談した。すると一人の人を紹介されたんだ。堀船で古書店の店主をしている老人だ」

「それで、あのじいさんに悩みを相談したわけですか?」

「ああ。老人は一通り話を聞くと『任せておけ』とだけ言った。で、帰された。あとは、しばらくすると、部内会議から『不幸が僕らを』の企画が上がってきて、それをきっかけにいつのまにか会社が変わっていた。変えたのがキミだというのは、大山副社長からあとで聞いたんだが」

米田社長はそこまで言うと、オレの方をまっすぐに向いて頭を下げた。

「ありがとう。張本君」

「いやいや。あの。こちらこそ」

オレは急なことで、よくわからない返しをしてしまった。

米田は頭を上げると話を続けた。

「まあ、立食パーティーで初めてキミと話したとき、なんとなくあの老人と関わりがあるようには、感じていたんだが」

大山が口を挟んだ。

「まったく勘の鋭い人だ。だが、あの時点で米田さんがそのことを知ったら、きっと米田さんは『あの張本という男の言うことを聞け』などと指示を出してしまったかもしれない。するど、また帝国出身者は、その言葉の裏を読んで余計な動きをしただろう。危ないところだったんだぞ、チョウギ」

米田が頭をかいた。

「たしかに、そういう指示を出してたでしょうな。どうも、いつの頃からか言うことが裏目裏目に出るようになってしまった。会議の前日にも、珍しく直接指示を仰ぎに来たジェイソンに、『息子の企画かどうかは関係ない。とにかく、いい企画ならプッシュしろ』とハッパをかけたら、その言葉の裏を考えすぎてわからなくなったのか、会議自体を欠席してしまった。ワシは文字通りの意味で言ったんだが」

どんどん、オレにとっての〝陰〟が〝陽〟に転じていく。だが、オレには、まだまだ疑問があった。

「孫田さんがこの店でオレに出会って、じいさんを紹介したのは偶然なんですか？」

それまで話を黙って聞いていた孫田の方を見て尋ねた。

「張本君。キミもわかっているだろう？　老師は偶然に対処はしても、偶然には頼らない。偶然は不確定の〝疑〟だからだ。すべては、米田さんの悩みを解決するための老師の謀だったんだよ。さっきも言った通り、大山さんもここの常連だった。キミとはたまたま店では会わなかったらしいが。マスターがひょんなことから、会社について愚痴るキミのことを大山さんに話した。まあ、バーのマスターとしてはいささか口が軽すぎると思うがね」

マスターはグラスを磨きながら聞こえないふりをしている。オマエのことだよ、オマエの。個人情報を漏らしてるんじゃねえよ。

「それで、私がそのことを老師に話した。謀の材料になるのではないかと考えたからな」

大山が言うと、さらに孫田が話を続けた。

「大山さんの話を聞いて、あの方のことだ、その瞬間に謀の最初から最後まではっきりと頭に浮かんだんだろうね。私はある日、老師から電話を受け、久しぶりに声を聞いたと思ったら、日時を指定され、この店でキミを待って自分の元に来させるよう言われた」

「なんで、オレがあの日、この店に来ることをじいさんは知っていたんでしょうか」

オレが尋ねると、孫田は首を振って答えた。

「わからない。おそらく、あらゆる状況を〝量権〟し、聞いた話からキミの内心を〝揣情〟したのだろうね。その中身は、私には計りしれない。ただ、『鬼谷子』にもあるだろう？『秋毫《しゅうごう》の末に経起し、これを太山の本に揮《ふる》う』。聖人の域にあるものは、ほんの毛先ほどのささいな物事からでも、それを使って巨大な山すら動かすんだ。見えている世界が違うんだよ」

「なんで、オレだったんでしょう？」

「それも老師のみぞ知ることだ。とにかく、結果として米田社長の悩みは解決した。なぜ老師が米田社長の悩みを聞いたのか。なぜキミを選んだのか。どこまでが老師の意志でどこまでが偶然なのか。我々が、はたから知ることはできないだろうね。状況に対する〝転円〟が自然になればなるほど、謀はすべてが単なる偶然のように見えてくる。それこそが『鬼谷子』の術の極致だからね」

オレはしばらく返す言葉を失っていたが、最も聞きたいことが残っていることに気がついた。

「あのじいさんは一体誰なんですか？」

その言葉を聞いた大山と孫田は顔を合わせた。そして、大山が諦めたような複雑な調子で答えた。

「わからん。オレももう少し若い頃、会ったばかりのときに老師の正体を探ろうとしたこともあったが、なにもわからなかった。そのときは堀船ではなく別の場所にいた。と言うより、老師は気まぐれのように我々の前に現れては、そのたびに違う場所にいる。年もわからん。三十年前から、見た目もまったく変わっておらんのだ」

その言葉に、孫田も応じた。

「まったく不思議な人だよ。私は、老師に会うたびにいつも思うんだ。老師は『鬼谷子』の術をまるで自分で考えたもののように語るんだなってね」

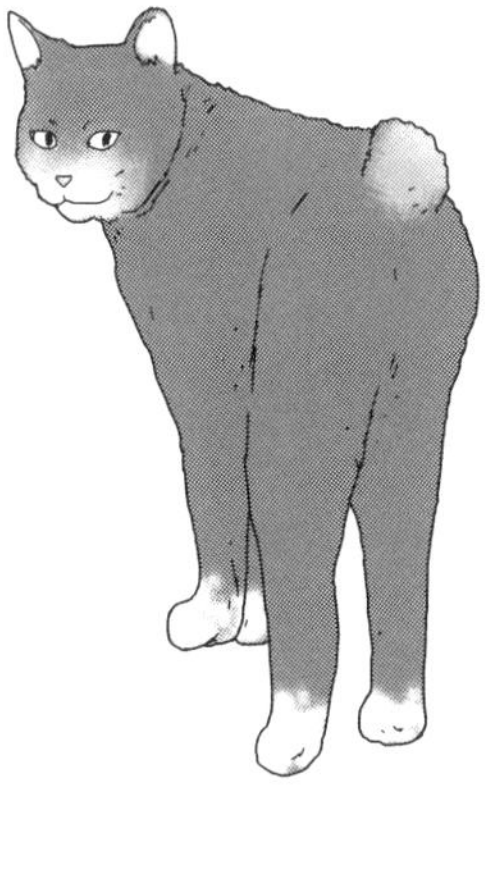

あとがき

恐ろしくマイナーな（笑）中国古典『鬼谷子』の内容を紹介した、前著『鬼谷子――100％安全圏から、自分より強い者を言葉で動かす技術』は、ありがたいことに、そして、著者としても意外なほどに読んだ方からの好評をいただくことができました。

ただし、当然のことながら、好評ばかりではありません。読んだ方からの感想には、「『鬼谷子』の理屈はわかったが、生活の中でどう活かせばいいのか？」、「紹介されている術を、実際にどう使うのかわからない」などといった、実践面への目配りの不足を指摘なさる声もあり、「内容を紹介することに必死になりすぎたのかもしれない」と、著者として実に申し訳ない気持ちになりました。

そこで、今回は「『鬼谷子』の教えを実際にどう使うのか？」に焦点を絞ることとし、そのための手段として、登場人物たちの「実例」だけで構成できる小説という形を取ることとしました。物語の中で、読者の皆様が少しでも『鬼谷子』の内容に親しむことができたとしたら、著者として喜びに堪えないところです。

最後に。注などに見られる原文は、前著と同じく中華書局の新編諸子集成続編『鬼谷子集校集注』（許富宏 撰）に基づいています。

本書の出版に当たっては、前著に引き続き、担当編集者の草思社・吉田充子さんにお世話になりました。ここで感謝を述べさせていただきます。

そして、もちろん、最後のこんな一文にまでおつきあいいただいた読者の皆様にも。

二〇一七年　二月の始まりに

高橋健太郎

【注】

第1章

＊1「いにしえのことを考えてみるに、聖人が天地の間にいるのは、大衆を導くためであった。聖人は、自然の摂理である『陰陽』の『開閉』を観察し、そこから生まれる物事一つ一つに名前をつけることで、物事を存在させまたは亡ぼす、その原因が出たり止まったりする『存在と滅びの門』を認識した。そして、物事の始まりと終わりをはかり、人の心の法則を熟知し、物事における陰陽の移り変わりの変化の兆しを見ることで、その『存在と滅びの門』を支配した。聖人がこの天下で大衆を導くとき、いにしえから今に至るまで、彼の行動原理は『存在と滅びの門』を支配すること、ただ一つだった（粤若《ここ》に古を稽《かんが》ふるに、聖人の天地の間に在るや、衆生の先為り。陰陽の開闔《かいかふ》を観、名を以て物に命《なづ》け、存亡之門戸を知る。万類の終始を籌策《ちうさく》し、人心の理に達し、変化の朕《あと》を見、其の門戸を守司す。故に聖人の天下に在るや、古より今に及ぶに、其の道一なり）」（捭闔第一）

＊2「言葉の操り方は、陰陽に従って行う（捭闔《はいかふ》の道は、陰陽を以て之を試む）」（捭闔第一）

＊3「聖人の行動原理は陰であり、愚か者の行動原理は陽である（聖人の道は陰にして、愚人の道は陽なり）」（謀篇第十）

＊4「あるものは円、あるものは方、あるものは陰、あるものは陽、あるものは吉、あるものは凶、物事に二つと同じものはない。聖人はこのことを考え、〝転円〟してそれに合ったものを求めるのだ（或は円、或は方、或は陰、或は陽、或は吉、或は凶、事類同じからず。聖人は此の用を懐《おも》ひ、転円して其の合を求む）」（本経陰符七術　転円法猛獣）

＊5「〝事〟に取り組むにあたっては、相手を制するのがよく、相手に制せられるのが悪い。相手を制するとは、相手を把握することである。人に把握されれば、運命を制せられたも同然である（事は人を制すを貴び、人に制せらるるを貴ばず。人を制すは握権なり。人に制せらるるは、命を制せらるるなり）」（謀篇第十）

＊6「いにしえの、天下をよく操った者は、必ず天下の情勢をはかり、諸侯の心情をおしはかった。〝量権〟が審《つまび》らかにならなければ、誰が強く誰が弱いのか、あるいはなにが軽んじられ、なにが重んぜられるのかを知ることができない。〝揣情〟が審らかにならなければ、物事の隠れた要素や事態がどう変化していくのかを見失うことになる（古の善く天下を用ふる者は、必ず天下の権を量《はか》り、諸侯の情を揣《はか》る。量権審らかならざれば、強弱軽重の称を知らず。揣情審らかならざれば、隠匿変化の動静を知らず）」（揣篇第七）

＊7「これからのことについて、策を立てる場合、〝疑〟を見て、まずこれをはっきりさせれば、策に失敗はなく功を立てて徳をほどこすことができる（来事に策を揣るに、疑を見てこれを決すれば、策に失計なく、功を立て徳を建つ）」（内揵第三）

第2章

＊1「この世界で、なにかが合ったり離れたり、終わったり始まったりするときには必ず失敗の亀裂が生まれる。これを見極めな

ければいけない（天地の合離終始より、必ず巇隙《ぎげき》あり。察せざるべからず）」（抵巇《しぎ》第四）

＊2「事に取り組む場合、〝反〟を使って〝覆〟を得るというのが、聖人のやり方だ（事に反有りて覆を得るは、聖人の意なり）」（反応第二）

＊3「相手の言葉が聞きたいことに合わないときは、〝反〟してこれを求めれば、それに対する応答は必ずある（言に合はざる者あらば、反して之を求むれば、其の応必ず出づ）」（反応第二）

＊4「相手の〝事〟に合わないところがあれば、聖人は謀をしない（事に合わざる者あらば、聖人、謀を為さざるなり）」（内揵第三）

＊5「〝事〟に取り組むには、すべて〝内揵〟というものがある。これは普段の行いの中で謀の出発点として結ばれるものだ。ある場合には道徳で結ばれ、ある場合には仲間であることで結ばれ、ある場合には金銭で結ばれ、ある場合は快楽によって結ばれるのだ（事、皆内揵有り。素より本始に結ぶ。或は結ぶに道徳を以てし、或は結ぶに党友を以てし、或は結ぶに財貨を以てし、或は結ぶに采色を以てす）」（内揵第三）

＊6「〝事〟が合っていても内揵の結びつきがない者は、表だっては近しくされるが、陰では疎《うと》んぜられる（合して結ばざる者は、陽に親まれ、陰に疏んぜらる）」（内揵第三）

＊7「言葉はその人間の〝事〟をかたどり、〝事〟はその人間の言葉に表される。相手に合わせて変化し、相手の心の声を求めるのだ。相手の言葉をとらえ、それが相手の〝事〟に合うものならば、その人間の実質をとらえたことになる（象は其の事を象し、比は其の辞を比すなり。無形を以て有声を求む。其れ、語を釣りて事に合はば、人の実を得るなり）」（反応第二）

＊8「相手が〝事〟をうかがわせる言葉を言わないときは、相手に合わせて変化する。こちらから〝事〟に関係する言葉を言って相手を動かし、相手の心に報いる。相手の心情が見えてきたら、それに従って話を進めて、これを育てるのだ（其れ、言はずして比無くんば、すなわち之が為に変ず。象を以て之を動かし、以てその心に報ず。その情見ゆれば、随《したが》ひて之を牧す）」（反応第二）

第3章

＊1「〝揣情〟する者は、相手が甚だしく喜んでいるとき、そこにおもむいてなにを欲しているのかを見極めるのだ。なにかを欲する気持ちを抱いたとき、人は本心を隠すことはできないのだから。相手が甚だしく恐れているとき、そこにおもむいてなにを憎んでいるのかを見極めるのだ。なにかを憎む気持ちを抱いたとき、人は本心を隠すことはできないのだから。人の本音や欲望は、必ず動きとして出てしまうものなのだ（揣情する者は、必ず其の甚だ喜ぶの時を以て、往きて其の欲を極むなり。其の欲有るや、其の情隠す能わず。必ず其の甚だ懼《おそ》るるの時を以て、往きて其の悪《お》を極む。其の情隠す能わず。情欲必ず其の変に出づ）」（揣篇第七）

＊2「ひそかに相手を〝摩〟するには、相手の欲するところを使う。欲するところをはかり、これを探れば、相手の心の割り符は必ず応じるだろう。応じれば、必ず相手は動く（微かに之を摩するに、其の欲するところを以てし、測りて之を探れば、内符必ず応ず。其の応ずるところや、必ず之を為すあり）」（摩篇第八）

＊3「口を開くとは、開くことであり、言うことであり、陽である。口を閉じるとは、閉じることであり、黙ることであり、陰である（之を捭《はい》するは、開なり、言なり、陽なり。之を闔《かふ》するは、閉なり、黙なり、陰なり）」（捭闔第一）

＊4「長生き、安楽、富貴、高い地位と繁栄、名誉、好むもの、金銭的な利益、意を汲むもの、喜び欲するものについて言うことは陽であり、会話や物事を始める作用を持つと言われる。死、憂い、貧しさ、屈辱、ないがしろにしているもの、利益を失うようなもの、意にそぐわないもの、害あるもの、刑、罰について言うことは陰であり、会話や物事を終わらせる作用を持つと言われる（故に、長生、安楽、富貴、尊栄、顕名、愛好、財利、得意、喜欲を言ふは陽を為す。曰く、始。故に、死亡、憂患、貧賤、苦辱、棄損、亡利、失意、有害、刑戮、誅罰を言ふは陰を為す。曰く、終）」（捭闔第一）

＊5「陽は結局陰にかえり、陰もまた極まって陽にかえる。陽にして動く者には、徳もまた生じてくる。陰にして静かなる者は、現実を形作る。陽をもって陰を求めるとは、徳の理想で相手を包むということであり、陰をもって陽につなげるとは、財力や権力などの現実的な力を使うということである（陽は還りて陰に終わり、陰は極まりて陽に反る。陽を以て動く者は、徳相生ずるなり。陰を以て静かなる者は、形相成すなり。陽を以て陰を求むるは、徳を以て苞《つつ》むなり。陰を以て陽に結ぶは、力を以て施すなり）」（捭闔第一）

＊6「相手の本音をつり上げる言葉を用いて、〝飛箝〟するのだ。本音を引き出す言葉の説き方とは、あるいは同調し、あるいは意見の異なることを示すというものだ（鉤箝之辞を引き、飛して之を箝す。鉤箝之語、其の辞を説くや、乍《たちま》ち同とし、乍ち異とす）」（飛箝第五）

＊7「相手の欲していないことを、相手に強いてはいけない。相手の知らない言葉を使って、相手に教えてはいけない（人の欲せざるところ以て、之を人に強ふる無かれ。人の知らざるところを以て、之を人に教ふる無かれ）」（謀篇第十）

＊8「〝摩〟して動かすのはこちらだが、それに応じるのは向こうなのだ。こうした仕組みに従って、これを用いれば、取り組む〝事〟に実現できないものはない（之を摩するは此れに在れども、符応ずるは彼に在り。従いて之を用ふれば、事に可ならざる無し）」（摩篇第八）

＊9「智者は簡単な〝事〟に取り組み、愚か者は難しい〝事〟に取り組む（智者は易を事とし、不智者は難を事とす）」（謀篇第十）

第4章

＊1「相手の声を聞きたければ、こちらは反対に黙り、相手をひろげたければ、こちらは反対におさまる。相手を高めたければ、こちらは反対に下り、相手に取らせたければ、こちらは反対に与えるのだ（其の声を聞くを欲すれば反って黙し、張るを欲すれば反って歛《かん》し、高きを欲すれば反って下り、取るを欲すれば反って与ふ）」（反応第二）

＊2「〝事〟を実現できそうな謀に合うような人や陣営があれば、その仲間となり自分の主とするのだ（事を成し計謀に合するは、之に与して主と為す）」（忤合第六）

＊3「忤合《ごごう》の術を天下に用いる場合は、天下の情勢をはかってから

特定の陣営の仲間になり、国内に用いる場合は、国内の情勢をはかってから特定の陣営の仲間になり、家や親族に用いる場合は、家や親族の事情をはかってから特定の人物の仲間になり、これを自分の一身に用いるときは、自分の才能や能力、気の勢いをはかり、その優れた部分に注目する。これは規模の大小、進み出る場合も退く場合も同じである（之を天下に用ふるは、必ず天下を量りて之に与し、之を国に用ふるは、必ず国を量りて之に与し、之を家に用ふるは、必ず家を量りて之に与し、之を身に用ふるは、必ず身の材能気勢を量りて、これに与す。大小進退、其の用一なり）」（忤合第六）

＊4 「受け入れられない言葉には、五つのものがある。〝病〟というもの、〝恐〟というもの、〝憂〟というもの、〝怒〟というもの、〝喜〟というもの。〝病〟とは、気が衰えて判断力を失った言葉のことである。〝恐〟とは、恐れおののいて他に流されているような言葉のことである。〝憂〟とは、一人ふさぎ込んで周りに本心を言わないような言葉のことである。〝怒〟とは、怒りのあまりむやみな行動をとるようになり、それがおさまらない様子の言葉である。〝喜〟とは、気分が高揚して、言うことが一貫せず、要点がはっきりしない言葉である（故に曰く、辞言に五有り。曰く病、曰く恐、曰く憂、曰く怒、曰く喜。病は衰気を感じ、神ならざるなり。恐は腸絶たれ主無きなり。憂は閉塞し泄らさざるなり。怒は妄動して治まらざるなり。喜は宣ぶるに散じて要無きなり）」（権篇第九）

＊5 「こちらに有益な発言をする者については、その発言のいいところを採用し、こちらに害ある発言をする者については、その発言の悪いところを避ければよい（其の利有るを言う者は、其の長ずる所に従うなり。其の害有るを言う者は、其の短ずる所を避くなり）」（権篇第九）

＊6 「強みのある者は、それだけどこかに弱みを蓄積し、まっすぐな者は、それだけどこかが曲がっている。あまりある者は、その分、どこかに足りないところがあるのだ（強を為す者は弱を積むなり。直を為す者は曲を積むなり。余り有る者は不足を積むなり）」（謀篇第十）

＊7 「それがうまくいかない相手には、相手を完全に論破しておいて、その後に持ち上げる。あるいは、持ち上げまくっておいてそしる。あるいは、持ち上げることでそしる。あるいは、そしることで持ち上げるのだ（其の善くすべからざる者は、或は先ず之を征して後に重累し、或は先ず重して以て累し、後に之を毀《そし》る。或は重累を以て毀りを為し、或は毀りを以て重累と為す）」（飛箝第五）

＊8 「目ははっきりと見ることが大切であり、耳ははっきりと聞くことが大切であり、心ははっきりと知ることが大切である。天下すべてが自分の目になれば、見られないものはなく、天下すべてが自分の耳になれば、聞かれないものはなく、天下すべてが自分の心になれば、知らないことはなくなるだろう。自分の元に人々が集い、それとともに進むのならば、これらのはっきりとした認識を塞ぐことは誰にもできない。これが、はっきりとした認識を保つために大切なことである（目は明を貴び、耳は聡を貴び、心は智を貴ぶ。天下之目を以て視る者は、則ち見ざる無く、天下之耳を以て聴く者は、則ち聞かざる無く、天下之心を以て思慮する者は、則ち知らざる無し。輻輳並進すれば、則ち明塞ぐべからず。右、主明なり）」（符言第十二）

＊9「こちらに就けば、あちらを離れることになる。『謀』をなすのに両方をとることなどできず、ある立場になった瞬間に、ある立場に反することになるのである。こちらに就くことで、あちらに背き、こちらに背くことで、あちらに就く。忤合とはそのための術なのである（彼に合するは、此に離る。計謀に両忠ならず、必ず反忤あり。是に反せば彼に忤し、此に忤せば彼に反す。其の術なり）」（忤合第六）

＊10「もし口を開こうとするのなら、〝周〟、つまり言葉が確実に行き渡ることを貴び、もし口を閉じようとするのなら、〝密〟、つまり絶対に秘密にすることを貴ぶ。なにを〝周〟とし、なにを〝密〟とするのかは微妙な操り方を貴び、それは現実の動きに即したものでなければならない（即《も》し之を捭せんと欲せば周を貴び、即し之を闔せんと欲せば密を貴ぶ。之を周密するは微を貴び、道と相追ふなり）」（捭闔第一）

＊11「謀を行うにあたって〝周密〟を正しく操りたければ、通じる相手を選んで言葉を伝えることだ。これを『結びつきがあり、失敗を呼ぶ隙がない状態』と言うのだ（故に謀に必ず周密ならんと欲せば、必ず其の与《とも》に通ずる所の者を択びて、説くなり。故に曰く、結或《あ》りて隙無きなり、と）」（摩篇第八）

＊12「塀は隙間から壊れ、木は節から壊れる（牆《かき》はその隙に壊れ、木は其の節に毀《こは》る）」（謀篇第十）

第5章

＊1「世に入った亀裂が、治められるようなものであれば、対処してそれを塞ぐ。治められないようなものであれば、対処してそれを利用するのだ（世、以て治むべくんば、則ち抵して之を塞ぐ。治むべからずんば、則ち抵して之を得）」（抵巇第四）

＊2「いったい〝摩〟には、〝平〟を使うもの、〝正〟を使うもの、〝喜〟を使うもの、〝怒〟を使うもの、〝名〟を使うもの、〝行〟を使うもの、〝廉〟を使うもの、〝信〟を使うもの、〝利〟を使うもの、〝卑〟を使うものがある（其れ摩するは、平を以てする有り。正を以てする有り。喜を以てする有り。怒を以てする有り。名を以てする有り。行を以てする有り。廉を以てする有り。信を以てする有り。利を以てする有り。卑を以てする有り）」（摩篇第八）

＊3「〝佞言〟する者は、諂うことで自分を忠実であると見せようとしている。〝諛言〟する者は、博識さを感じさせる言葉で自分を智者であると見せようとしている。〝平言〟する者は、決然とした調子を見せることで自分を勇敢な人物であると見せようとしている。〝戚言〟する者は、相手の様子をはかって自分を信頼できる人物であると見せようとしている。〝静言〟する者は、反論して言い負かそうとしている（佞言する者は諂いて忠を干《もと》む。諛言する者は博にして智を干む。平言する者は決にして勇を干む。戚言する者は権にして信を干む。静言する者は反にして勝を干む）」（権篇第九）

＊4「およそ謀には従うべき原理がある。必ず相手の因って立つ〝事〟を把握し、その本音を求めるのだ。相手の本音を審らかに把握したら、そうしてはじめて三つの策を立てるのだ。その三つとは、最上の策、次善の策、最低限の策である。この三つをそろえてはじめて、素晴らしい効果が生まれるのだ（凡そ謀に道有り。必ず其の因る所を得、以て其の情を求む。審らかに其の情

を得たれば、乃ち三儀を立つ。三儀は、曰く上、曰く中、曰く下。参以て立つれば、以て奇を生ず）」（謀篇第十）

＊5「説くとは、相手に説くことなのだ。相手に説くとは、相手を助けることなのだ（説くは之に説くなり。之に説くは之を資《たす》くなり）」（権篇第九）

第6章

＊1「説くとは、相手に説くことなのだ。相手に説くとは、相手を助けることとなのだ。〝飾言〟とは、別のものをかりて語るということである。別のものをかりて語る目的は、言い分のある点を誇張したり、隠したりすることだ。〝応対〟とは、言葉を鋭くすることである。言葉を鋭くするとは、相手の言い分に素早く応じて論じることだ。〝成義〟とは、言い分の筋道を明白にすることである。言い分の筋道を明白にするには、証拠に基づく必要がある。また言葉の〝反覆〟の中で、お互いに相手の言い分をしりぞけようとすることもある。〝難言〟とは、そうした中で相手の論をしりぞけることである。相手の論をしりぞけるとは、相手の言い分の細かいところをとらえるということである（説くは之に説くなり。之に説くは之を資《たす》くなり。飾言は、之に仮るなり。之に仮るは益損なり。応対は辞を利とするなり。辞を利とするは軽論なり。成義は之を明とするなり。之を明とするは符験なり。言、或いは反覆し、相却くを欲するなり。難言は、却論なり。却論は幾を釣るなり）」（権篇第九）

＊2「知恵は人に知られないところに使い、能力は人に見られないところに用いる（智は衆人の知る能はざる所に用ひ、能は衆人の見る能はざる所に用ふ）」（謀篇第十）

＊3「謀において〝周密〟ほど難しいものはなく、言葉を説くのにすべての言い分を聞き入れられることほど難しいものはなく、〝事〟に必ず成し遂げることより難しいものはない（謀に周密より難きは莫く、説くに悉聴より難きは莫く、事に必成《な》より難きは莫し）」（摩篇第八）

＊4「〝変〟が〝事〟を生み、〝事〟が〝謀〟を生む。〝謀〟は具体的な計画を生み、具体的計画は〝議〟を生む。〝議〟は〝説〟を生み、〝説〟は〝進〟を生む。〝進〟は〝退〟を生み、〝退〟に至って、はじめて自分の〝事〟を思うままにしたことになるのだ。こうした手順を通じて、〝事〟を制するというのは、あらゆる〝事〟に対して共通する原理である（変は事を生じ、事は謀を生じ、謀は計を生じ、計は議を生じ、議は説を生じ、説は進を生じ、進は退を生じ、退は制を生ず。因りて以て事を制す。故に百事は一道にして百度は一数なり）」（謀篇第十）

＊5「相手を動かしたら、目立たないようにして相手から去る。これは言わば、空いた穴を塞ぎ、きっかけを隠し、こちらの姿を隠し、相手の心から逃れるのである。こうしてこそ、人に知られず、〝事〟を成し遂げ、かつその後の憂いも無くなるのである（微にして之を去る。是、塞窌《そくりょう》、匿端《かくたん》、隠貌、逃情と謂ふ。人知らずして、故に能く其の事を成して患ひ無し）」（摩篇第八）

著者略歴――――
高橋健太郎 たかはし・けんたろう
作家。横浜生まれ。上智大学大学院文学研究科博士前期課程修了。国文学専攻。専門は漢文学。言葉の使い方や読み解き方、古典や名著を題材にとり、独自の視点で研究・執筆活動を続ける。近年は特に弁論術・レトリックをテーマとしている。著書に『どんな人も思い通りに動かせる アリストテレス 無敵の「弁論術」』(朝日新聞出版)、『あたらしい話し方の辞典』(日本文芸社)、『そうだったのか! スゴ訳 あたらしいカタカナ語辞典』(高橋書店)、『鬼谷子――100%安全圏から、自分より強い者を言葉で動かす技術』(草思社)等がある。

今日からヒラ社員のオレが
会社を動かします。
伝説の中国古典「鬼谷子《きこくし》」に学ぶ
最強の人心操縦術

2017年3月22日 第1刷発行

著者 高橋健太郎
装幀者 渡邊民人(TYPEFACE)
本文デザイン 谷関笑子(TYPEFACE)
イラスト ワタナベチヒロ
発行者 藤田 博
発行所 株式会社草思社
〒160-0022 東京都新宿区新宿5-3-15
電話 営業 03(4580)7676 編集 03(4580)7680
振替 00170-9-23552

本文組版 横川浩之
印刷所 中央精版印刷株式会社
製本所 株式会社坂田製本

ISBN978-4-7942-2264-0 Printed in Japan 検印省略